わかる！使える！

品質改善入門

石川君雄 [著]
Ishikawa Kimio

日刊工業新聞社

【 はじめに 】

　品質管理の歴史を振り返ると、米国で1931年、ベル電話研究所のシューハート（W.A.Shewhart）が統計学をもとに管理図を考え、これが統計的品質管理の起源と言われています。一方、第2次世界大戦後の日本の製品は「安かろう、悪かろう」と称され、連合国軍司令部GHQは1946年、米国のウェスタンエレクトリック社から品質管理の技術者を日本に招きました。これが日本の品質管理の始まりとなりました。そして、1949年には工業標準化法が制定され、日本工業規格（JIS）が生まれたのです。

　その後1951年に、米国のデミング（W.E.Deming）博士が来日し、デミングサイクルを広めました。また、品質管理に優れた企業などを表彰するデミング賞も、日本科学技術連盟により創設されています。1954年には米国のジュラン（J.M.Juran）氏が来日し、統計的品質管理（SQC：Statistical Quality Control）を提唱。さらに1958年、アメリカのファイゲンハウム（A.V.Feigenbaum）博士が提唱した全社的品質管理TQC（Total Quality Control）に注目が集まるようになりました。

　この頃、魚の骨（石川ダイアグラム）で著明な石川馨東京大学教授によりQCサークルが普及し始めます。1965年には、NECがアメリカのマーチン社が始めたZD（無欠点zero defects）運動を導入しました。またフィッシャー（R.A.Fisher）によって開発された実験計画法を、田口玄一博士が改良して品質工学（タグチメソッド）を体系化したのは1980年代です。

　1987年になるとISO9000（ISO：International Organization for Standardization）が制定され、国際標準化されました。そして、米国ではNIST（米国連邦標準・技術局）が、TQCで優れた企業を表彰するMB賞（Malcolm Baldrige National Quality Award）を創設。1995年には、製造物責任法（PL法）がスタートしています。

　一方、世界中にトヨタ生産方式として知られ、日本を代表するモノづくり企業であるトヨタの品質管理の起点は、グループの源流企業とされる豊田自動織機を創設した豊田佐吉氏に遡ります。豊田佐吉氏は「十分な商

品テストを行うにあらざれば、真価を世に問うべからず」と言いました。また、その子息でトヨタ自動車を創設した豊田喜一郎氏は、「製品の品質と業務の運営を監査し、これを改善する」と述べています。「お客様第一」「品質第一」の原点がここにあると言えます。

　1937年に監査改良部を設置し、1949年にSQC、1961年にはTQCを導入。1963年になって、品質保証と原価管理を中心にした機能別管理体制を構築しました。その後も、1966年のオールトヨタ品質管理大会開催、トヨタグループ主要8社QC連絡会開催、1968年に不良撲滅（QRE：Quality Resident Engineer）活動、1970年にはクレーム情報の技術解析電算化を開始し、管理者能力向上プログラム（管プロ）を推進してきた歴史があります。1988年にはQCルネッサンス活動として、1人ひとりが主役のNewQCサークルを立ち上げ、1995年のサイエンスSQC開始、1997年のCD（Customer Delight：魅力品質）品質向上委員会の設置へと続いていきます。

　21世紀を迎えると、お客様迷惑度低減のための海外EDER（早期発見早期解決）委員会を2001年に設置し、2003年には品質情報の新システムTQ-NETの運用開始、2005年にCF（カスタマー・ファースト）活動をキックオフ。2007年にBR自工程完結室を、2010年にはグローバル品質委員会を設置しています。このように、活性化のための各種イベントや仕掛け、また自社のみでなく仕入先やグループ会社、グローバル化など新たな環境変化にも積極的に取り組んできたことが見て取れます。

　本書は、品質改善の入門書としてイメージが伝わるよう、絵や図をできるだけ挿入して解説するよう心がけました。そんな絵図の作成にご協力をいただいた、中小企業診断士の竹本恵子氏に深く感謝します。また、本書の執筆に際して矢島俊克氏に多面にわたりお世話になりました。本書が、品質改善を願い尽力する方々のお役に立てるなら、これ以上の喜びはありません。

2019年（令和元年）5月

　　　　　　　　　　　　　　　　　　　三河安城にて　石川 君雄

わかる！使える！品質改善入門

目　次

【第1章】
品質改善の基礎知識と基本原則

1　品質の基礎知識
- 品質とは何か・**8**
- 品質は会社の命・**10**
- PL法（製造物責任法）・**12**
- トップ主導の方針管理・**14**
- 現場主導の日常管理・**16**
- 品質と検査・**18**

2　生産工場における品質不良とは
- 切削加工の不良・**20**
- 板金プレス加工の不良・**22**
- 溶接加工の不良・**24**
- 塗装の不良・**26**
- 樹脂成形の不良・**28**
- 鍛造加工の不良・**30**
- 鋳造加工の不良・**32**
- 熱処理工程の不良・**34**
- 組立工程の不良・**36**
- 電子機器製造工程（プリント基板）の不良・**38**
- 搬送・梱包・輸送工程の不良・**40**

【第2章】
全員を巻き込む活動の前準備と道具立て

1　トップの意思表明とキックオフ、組織づくり
- トップが率先しキックオフで意思統一・**44**
- 経営幹部などによる品質改善合宿・**46**
- 全員参加の連結ピン組織の活用・**48**
- トヨタの組織横断的チーフエンジニア制度・**50**
- トヨタのREと逆RE、SE・**52**

2　品質改善の環境づくり
- 品質改善7つ道具・**54**
- 品質改善道場・**56**
- 品質改善虎の巻と免許皆伝、師範・**58**
- 不良品ヤードカレンダー・**60**
- 不良品さらし台・**62**
- 品質朝市・夕市・**64**

3　不良の見える化、オモテ化、決め事
- 3Hと4Mと5S・**66**
- エフ付け・エフ取り・**68**
- ヒューマンエラー・**70**
- ポカヨケ・**72**
- 作業標準と標準作業・**74**
- 品質保証の要、QC工程表・**76**
- 品質機能展開（QFD）・**78**

4　品質改善を加速させる体制
- DR（デザインレビュー）・**80**
- トヨタのGD^{3}とCOACH・**82**
- 初期流動管理体制・**84**
- 測定器の校正・**86**

【第3章】
品質改善活動を徹底するカギとツール

1 品質改善活動の胆

- 品質改善活動板の使い方・**90**
- 小集団活動とテーマの選定・**92**
- アイデア発想法で活性化・**94**
- トヨタの現場主義・**96**
- トヨタの自工程完結・**98**

2 品質改善活動のツール運用① QC7

- QC7つ道具・**100**
- チェックシートと層別・**102**
- グラフ・**104**
- ヒストグラム・**106**
- パレート図・**108**
- 特性要因図（魚の骨）・**110**
- 散布図・**112**
- 管理図・**114**

3 品質改善活動のツール運用② 信頼性など

- システムの信頼性設計を考える3つのF・**116**
- FMEAとFTA・**118**
- データの種類と扱い・**120**
- MTBF/MTTR/MTTF・**122**
- ワイブル・ハザード解析・**124**
- 数量化ⅠⅡⅢⅣ類（quantification methods）・**126**
- 実験計画法・**128**

4 品質改善活動のツール運用③ N7

- 新QC7つ道具・**130**
- 親和図・**132**
- 連関図・**134**
- 系統図・**136**

- マトリックス図・**138**
- PDPC法・**140**
- アローダイアグラム・**142**
- マトリックスデータ解析法・**144**

5　永続的な品質改善活動に向けて

- QCストーリー・**146**
- 品質保全と8の字展開とPM分析・**148**
- 6σ・**150**
- TQCとSQC、QCC・**152**
- QMS　ISO9000・**154**

コラム

- トヨタ生産方式の2本柱の1つが「自働化」・**42**
- トヨタグループの原点、豊田佐吉の展示館・**88**

- 参考文献・**156**
- 索引・**156**

【第1章】
品質改善の基礎知識と基本原則

1 品質の基礎知識

品質とは何か

　品質とは一般的に、品物やサービスを受ける人・組織に評価される、対象物の特性群のレベルを言います。JISQ9005:2005には「質とは、ニーズまたは期待を満たす能力に関する特性の全体」と定義しています。
　一方、ISOではISO9000:2005において、品質は「本来備わっている特性の集まりが要求事項を見たす程度」と定義しています。特性とは「そのものを識別するための性質」で、要求事項とは「明示される、もしくは通常暗黙のうちに了解される、または義務として要求されるニーズ・期待」としています。

❶品質の構造と分類

　製造業に限って考えると、製品などを受け取る顧客の要求レベルを記した各種性能などの仕様書などが中心になります。仕様書は必要な性能やレベルを明確に表現することが必要で、メーカーはその仕様を満足することが基本になります。
　顧客の要求品質を明記した仕様書に基づき、企画、概略・詳細設計、製造、検査、出荷の各プロセスを踏んで顧客に届けられ、その後に修理などのサービス業務が続きます（図1-1）。大きく分けて、設計までプロセスの品質を設計品質（狙い品質）、それ以降出荷までを製造品質（出来栄え品質）と呼びます。V字モデルのステップに該当します（図1-2）。そして、顧客により使用された後の劣化に対応するなどのサービス業務はサービス品質と言われます。
　また、各プロセスで提供する機能を全うすることも品質としてとらえる場合があります。たとえば、検査工程の検査品質などです。検査品質は品質標準に示された特性を検査標準などにより検査を行い、品質標準を満たしているかを調べます。一方、マーケティングの視点から考えた顧客要求分析モデル（狩野紀昭氏が提唱）に応じた品質があります。プロセスによる区分ではなく、要求レベルによる分類です。顧客の最低限の要求レベルを基本要求とし、要求を満たしていれば評価が上がり未達であれば下がる変動要求のほか、期待を上回る場合を潜在要求と呼ぶなど、それぞれに対応する品質レベルがあります。

❷システム開発分野の品質

　顧客満足レベル（嶋口充輝氏が提唱）の視点では、不満Dissatisfaction・不

図 1-1 品質の構造

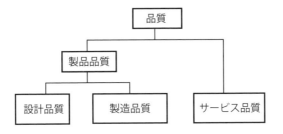

図 1-2 V字モデル

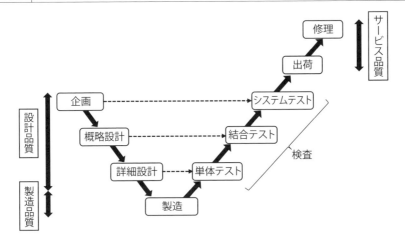

満なしUn-satisfaction・満足Satisfaction・魅力満足Delightの4つがあります。要求レベルと顧客満足レベルを整理すると理解しやすくなります。品質はマイナスレベルだけではないのです。

システム開発では、ロバート・L・グラスが「品質は属性の集合である」と言っています。属性の優先順を示すと、「信頼性（Reliability）」「使用性（Usability）」「理解性（Understandability）」「変更容易性（Modifiability）」「効率（Efficiency）」「検証性（Testability）」「移植性（Portability）」となります。

要点 ノート

品質は、品物やサービスを受ける人に評価される対象物の特性群のレベルを言います。製造業では顧客の要求レベルを記した仕様書がもとになり、これに沿って企画、概略・詳細設計、製造、検査、出荷プロセスを経て届けられます。

1 品質の基礎知識

品質は会社の命

❶品質の位置づけ

　企業における品質の位置づけとして、たとえばトヨタ自動車では「お客様第一」「品質第一」を掲げています。企業によってはここに「安全第一」を加え、3つの第一としている場合もあります（図1-3）。

　トヨタの「お客様第一」「品質第一」の理念の原点は、豊田佐吉氏の考え方をまとめた「豊田綱領」と、豊田喜一郎氏の監査改良の精神にあります。創業以来、品質にこだわり、現地・現物で改善を続ける企業風土を築いてきました。各人が常に高い問題意識を持ち、自分事としてとらえて日々改善に努め、各分野が緊密に連携しながらお客様の安全・安心と満足度向上に努めるものです。実際に、工場の天井には「良い品、良い考」の掲示が掲げられていて、創業より現代に至る間、トップから現場の最前線まで品質を最高位に位置づけています。

　お客様からの各種情報を企業経営に活かし、特に品質に関する苦情や不満などは最重要情報として扱っています。特に米国で発生したクレームをきっかけに、公聴会が開かれた2010年2月24日を「トヨタ再出発の日」と定め、①市場で何が起きているかを早期に把握する、②「現地・現物」に基づく開発に立ち返り、未然防止活動を強化する仕組みを制定しました。これにより品質に対する取り組みの重要性を、オールトヨタで原点に立ち返って再認識することになりました。

❷全社品質の維持改善

　「トヨタ再出発の日」から1年、各職場で「チャレンジ」「チームワーク」「当事者意識」「謙虚」「正直」などを盛り込んだ「職場の心構え」を現場ごとに展開しています。本書の「はじめに」でも紹介していますが、豊田佐吉氏の残した「十分な商品テストを行うにあらずんば、真価を世に問うべからず」の言葉を再認識したものです。

　最近ではCQO（chief quality officer：最高品質責任者）を配置する会社が増え、責任を持って全社品質の維持改善を実行しています（表1-1）。さらに全社を品質マネジメントシステムでまとめ上げ、PDCAを回しています。

図1-3 「3つの第一」

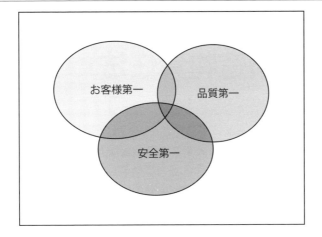

表1-1 品質宣言

品質宣言

私たちは、お客様の信頼に応えられる製品づくりのため、常に誠実に製品と向き合い、安全なる品質管理を徹底します。

また、多くの工場では特性をQCDで評価しています。Q＝品質は会社の命、C＝原価は会社の成長の源、D＝納期は会社の力と言われます。特にQは、ひとたびクレームなどを起こすと顧客に多大な迷惑をかけ、会社の信用をなくすことから、品質の位置づけは企業活動の基盤と言えます。

要点 ノート

品質はお客様の視点に立った考え方が基本になります。品質はお客様が決めるため、お客様の声をいかに真摯に受け止めて企業経営に反映するかにかかっています。ここに「品質は会社の命」と言われる本質があります。

1 品質の基礎知識

PL法（製造物責任法）

　PL（product liability）法は製造物責任法と呼ばれ、メーカーなどでつくった製品がユーザーに使用され、それにより負傷などの被害を受けた場合にメーカーの賠償責任を規定しています。過去にはテレビの発煙発火事件などがありました。同法は全6条からなり、法律の目的は第1条に示されています。消費者庁は以下の通り説明しています。

❶PL法の主な条文

　第1条：目的「製造物の欠陥により被害が生じた場合における製造業者等の損害賠償の責任について定めることにより被害者の保護を図り、国民生活の安定向上と国民経済の健全な発展に寄与することを目的とする」

　上記に使われる製造物と欠陥、製造業者などについては第2条に定義が示されています。内容は以下の通りです。

　第2条：定義「①製造物とは製造または加工された動産を言う。②欠陥とは当該製造物の特性、通常予見される使用形態、その製造業者等が当該製造物を引き渡した時期その他の当該製造物に関わる事情を考慮して、当該製造物が通常有すべき安全性を欠いていることを言う。③「製造業者等」とは、当該製造物を業として製造、加工または輸入したもののいずれかを言う」

　製造物責任についての具体的要件は、引き続き第3条に示されています。

　第3条：製造物責任「製造業者等は製造、加工、輸入または前条の表示をした製造物であって、引き渡ししたものの欠陥により他人の生命、身体または財産を侵害したときは、これによって生じた損害を賠償する責めに任ずる。ただし、その損害が当該製造物についてのみ生じたときはこの限りでない」

　ここでは、欠陥と損害の間の因果関係を明確にすることが必要です。一方、免責事由については第4条に示されています。

　第4条：免責事由「下記事項を証明した場合は、同条の賠償の責めに任じない。①当該製造物をその製造業者等が引き渡したときの科学、技術に関する知見によっては、当該製造物に欠陥があることが認識できなかったこと。②当該製造物が他の製造物の部品または原材料として使用された場合、欠陥がその製造物の製造業者が設計したことに関してその指示に従って生じ、それにつき過

図 1-4 | 3つの欠陥

```
           設計上の欠陥
        設計自体に問題がある

 製造上の欠陥          指示・警告上の欠陥
                      （設計指示の抗弁）
 設計通りに製造       製造物から除くことが不可能な危険が
 されなかった         ある場合に適切な情報を与えなかった

              取扱説明書や警告ラベ
              ルに不備がある場合
```

図 1-5 | PL 警告表示ラベル

失がないこと」

　その他第5条：消滅時効と第6条：民法の適用、附則で構成されています。

❷PL法への対応
　具体的な欠陥としては、設計上の欠陥や製造上の欠陥、指示警告表示の欠陥が挙げられます（**図1-4**）。安全耐久性設計や科学的品質管理、取り扱い説明書などの高度化が対策として必須です（**図1-5**）。

> **要点 ノート**
> PL法は、消費者やユーザーの視点を重視して制定されたものです。製品供給側としては、設計や製造、指示警告上の欠陥を払拭する努力を続けていかねばなりません。

【1　品質の基礎知識

トップ主導の方針管理

　方針管理（policy management）は、会社の経営理念やポリシーに基づき、決められた経営方針に沿って中・長期経営計画や短期経営方針を定め、目的を達成するための企業全体の活動です。

❶方針管理の目的
　その目的は全社方針や目標の達成であり、企業トップから出されたれた方針を各事業部門や個人業務へ順に細分化、全社で具現化していきます（図1-6）。期間は5年以上の長期計画と3年程度の中期計画、年度ごとの短期計画があります。環境変化と自社の実績に応じて、各計画を毎年見直しします。

　具体的には、PDCAサイクルを回して各計画の改善を図ります。実施速度や細かさはトップ方針、管理者方針、個人別方針により決まります。上位方針から順次落とし込まれた実施項目は各機能組織に細分化されますが、重点課題を絞って資源を集中することもあります。具体的な数値目標や達成のための方策、管理項目、実施日程、実行責任者を明確にして展開します（図1-7）。

❷方針管理の進め方
①方針の策定
　トップが中長期経営計画を策定します。内容は製品品質の向上、コストダウン、シェア向上、製品開発のスピードアップなどでそれぞれに対して重点課題や到達すべき目標、具体的な方策を決めます。

②方針の展開
　策定した方針は、書面配付や食堂および会議室などでのポスター・垂れ幕掲示、管理職への会議での指示などで全員に周知徹底します。

③実行計画の策定と実施
　方針に基いて各部門が作成します。計画は年度計画とするのが一般的で、計画に従って具体的な手段を実行します。

④実施状況の確認
　各部門の職制が毎月確認することで、遅れている場合に速やかに修正指示を出すことが可能になります。修正指示には手段や目標値の変更がありますが、内容に応じて対応します。

| 図 1-6 | 方針に関する 4 つの要素 |

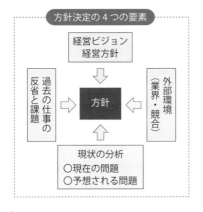

| 図 1-7 | 方針管理の構造 |

⑤期末の反省

半期および年度末に実施します。実行計画の目標が達成できなかった場合は、原因を調査して次年度に活かすことが大切です。

方針管理の展開は、「上下・左右の仕事の重複や抜けの回避」「重点管理項目の明確化」「階層間のコミュニケーションの向上」などの効果があります。他にも「責任・権限の明確化と部下への委譲による育成」「プロセス管理能力の向上」「全社ベクトルの統一」を促します。

> **要点 ノート**
>
> 方針管理はトップダウン型の手法と言えます。経営トップの長期ビジョンから順次、現場最前線の個別計画まで一貫した方向で、信頼性や効率性を向上させながら目標を達成していく進め方です。

1 品質の基礎知識

現場主導の日常管理

　日常管理（Daily Management）は、顧客の要望する製品やサービスを提供するために、作業工程や作業の具体的方法を定めて作業をすることです。そのためには、管理基準となる項目や水準、異常が出た際の処置方法などを定めることが求められます。発生した問題の解決と再発防止を行うことや、以下に説明するSDCA・PDCAの考え方に基づき、業務パフォーマンスを維持・向上させることも必要です（**図1-8**）。

　このとき、5Sなどの基礎教育や作業標準の整備・維持・管理、QC工程表および各種管理図の活用、品質不良対策など問題解決を行います。SDCAとは、Standardize：標準化、Do：実施、Check：チェック、Action：処置　のことです（**図1-9**）。PDCAに対して日常管理の実態に合わせた表現です。

❶日常管理のサイクルSDCA
①標準化
　作業標準書を作成し、その通り作業をすれば、誰が作業しても同じ品質特性の製品をつくれるようにします。ポイントは、誰が作業しても同じ作業になるように詳しく、わかりやすく具体的に表すことです。たとえば「重量を少し重くする」という表現ではなく、「10g重くする」などの表記を心がけます。
②実施
　作業者が作業標準書に従い、実際に作業します。
③チェック
　製品の出来栄え品質をチェックします。測定器などで品質特性を測定して規格値を満足するか確認し、合格か不合格かを判定します。
④処置
　判定結果で処置方法が変わります。合格の場合は次工程に送り、不合格時は不合格品置き場に置きます。修正した上で再度測定し、合否を見極めます。

❷日常管理の進め方
　SDCAサイクルにおける各ステップの「難しさ→克服ポイント」を示します。ステップSでは、「標準として表しにくい業務→プロセスに関する因果関係を解析」「標準量の増大→不要な標準を定めない」「標準の構造が複雑→標準

図 1-8 | 日常管理と方針管理

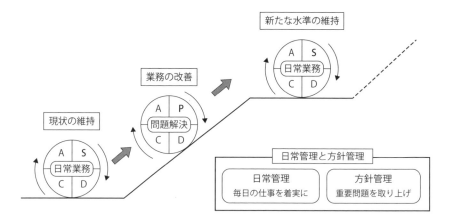

図 1-9 | SDCA サイクル

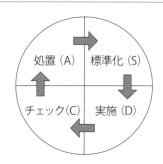

の体系を再考する」が挙げられます。またステップDでは、「標準を守れない→教育・訓練の徹底と遵守のための工夫をする」があります。

ステップCでは、「異常に気づかない→通常状態を明確にする」「異常の原因がわからない→異常の情報を職場で迅速に共有する」ことが効果的です。またステップAでは、「単なる調整に終始し、標準化のレベルが上がらない→標準化の視点から異常を分析する」とよいでしょう。

方針管理はトップダウン型ですが、日常管理はボトムアップ型と言えます。

要点 ノート

日常管理は、主としてSDCAのサイクルを回し、現場の問題を永続的に改善して維持する活動です。小集団活動などで取り組みやすく、ボトムアップ型のマネジメント体系と言えます。

1　品質の基礎知識

品質と検査

❶検査の目的

　検査とは、検査基準に基づき、対象物が基準に適合しているか不適合かを判定することです。その目的は、対象製品のうち不適合品が工場外に流出するのを防ぐことですが、不良の発生原因を調査して対策を行うよう発生工程にフィードバックし、再発を防止することです（**図1-10**）。

　また、各工程の品質レベルを高度化して検査をなくす方向が好ましいと言えます。しかし、設備の劣化や作業者の疲労によるミス、さらには加工環境の不安定さにより不良品が発生することがあります。設備については、動作部の摩耗の抑制による精度維持、人については作業負担低減やポカヨケ設置など、加工環境は熱伝搬や微振動、粉塵ガスの回避と管理の精度向上などを行い、不良発生の未然防止を徹底する方向に導きます。

❷検査の種類

　検査には、見方の違いにより多くの種類があります（**表1-2**）。

①工程別による検査
　○受け入れ検査〜外部企業から受け入れる材料、購入部品などの不良品がないかを確認する。不良内容を外部企業に報告して再発防止を図り、必要に応じて発生原因や対策書の提出を求め、状況の現地確認を行う
　○工程内検査〜量産型製品で複数工程にまたがる場合は重要工程で検査を行う。全工程で実施する場合もある。大型設備を組み立てる際、工程の中間で検査を行うこともある
　○最終検査・完成検査〜製品として基準を満たしているかを判定。設備やユニットの場合は動作試験や導通試験などを行う

②対象数別による検査
　○全数検査〜量産型製品でも全数を検査する最も確実な方法
　○抜き取り検査〜製品の特性に応じたサンプリング方法で検査を行う
　○無検査〜高度な品質管理を実施して実績がある場合や、逆に要求品質が高くないときに測定データで代替する場合に採用される検査

③検査手法別による検査

第1章 品質改善の基礎知識と基本原則

図1-10 | 3つの検査の内容

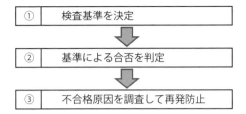

表1-2 | 各種の検査

工程別	①	受け入れ検査	外部企業から受け入れる材料、購入部品等の不良品がないか確認
	②	工程内検査	工程内で行う検査
	③	最終検査	最終工程で製品として基準を満たしているか判定

対象数別	①	全数検査	全数を検査
	②	抜き取り検査	製品の特性に応じて抜き取った製品を検査
	③	無検査	測定データで代替

検査手法別	①	破壊検査	製品を破壊して行う検査
	②	非破壊検査	外部から超音波や放射線透過により製品の内部欠陥を検査
	③	官能検査	人間の五感に基づいた検査

その他	①	自主検査	製造部
	②	専門検査	検査部

○破壊検査:製品を破壊して検査を行う。溶接強度を調べる際に引張破壊を行い、その強度を確認するなどの例がある
○非破壊検査:内部欠陥を診るのに、外部から超音波や放射線透過により製品を破壊せずに検査する方法のこと
○官能検査:目、耳、鼻、舌、指などの皮膚や人間の5感に基づいた検査のことを言う。食品や飲料には多用される

このほか製造部門が行う自主検査と、検査部門が行うパトロール検査などがあります。

> **要点ノート**
> 検査は、工場外に不良品が流出するのを防ぐ目的で実施します。そして、不良が発生する真因を追究して対策し、再発防止に役立てます。工程の品質レベルを上げて検査をなくすのが理想の姿です。

2 生産工場における品質不良とは

切削加工の不良

❶寸法不良
　切削加工にとどまらず、長さ、深さ、角度、外径、内径、テーパ、アール、ピッチやねじなど特殊形状の寸法不良があります。寸法検査にはノギスやマイクロメーター、ハイトゲージ、ブロックゲージ、デプスゲージのほか光学式、流体式、電磁式測定があります。特殊形状については専用装置を用います。
　不良発生原因は、加工寸法の設定ミスや加工途中での寸法チェックミス、材料位置決めミス、刃物設定ミスなどが挙げられます。これらを防ぐには、正確な加工条件表の作成や標準作業の遵守、こまめな清掃などが必要です。

❷表面粗さとうねり
　加工面の凹凸の程度を示し、研削加工時に問題となることが多いです。表面粗さはJISで規定されています。主なものに算術平均粗さ（Ra）、十点平均粗さ（Rz）、最大粗さ（Ry）などがあります。表面粗さ不良の原因としては、研削速度など加工条件のほか、研削砥石の摩耗や研削油剤の不適などが挙げられます。うねりとは、加工面の緩やかな波状の変化のことです（図1-11）。被削材、刃物の振れなどが要因として考えられます。

❸バリ
　切削加工では、主に加工端面に切断されずに残る切りくずを言います（図1-12）。米国のギレスピー氏により、バリは以下の通り区分されています。
　　○ポアソンバリ（Poisson burr）～切削方向に対して横方向に発生するもの
　　○ロールオーバーバリ（Roll-over burr）～刃物が加工終了時に被作物の端面に発生し、塑性流動で端面の空間に延びるもの。軟質材料に発生しやすい
　　○引きちぎりバリ（Tear burr）～たとえば旋盤での突っ切り加工時の開始、あるいは終了時点に引きちぎりにより被作物加工部外皮に発生
　　○切断バリ（Cut-off burr）～突っ切り加工終了間近に、加工物の重量や加工中の振動により分離し、切断面の中心部に残されたもの
　製造現場での一般的なバリ抑制対策としては、切削抵抗を少なくするため切り込み・送りを少なくして加工速度を大きくします。また、刃物はすくい角を

図 1-11 表面粗さとうねり

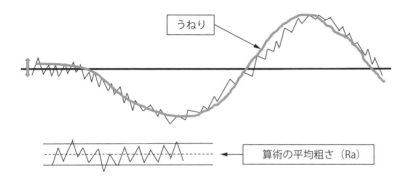

図 1-12 切削加工時のバリ発生イメージ

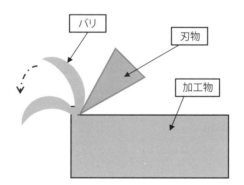

大きくして、刃先を鋭利にすると効果的です。

さらに、適正な潤滑油を使用して、摩擦抵抗を減少させます。被削材にレーザー照射し、組織をマルテンサイト化する技術もあります。

> **要点 ノート**
>
> 切削加工での課題として、バリの発生は常につきものです。工程表にバリ取り工程を設定している場合が多くあります。現場での加工条件や刃物特性だけでなく、製品設計時や工法検討時も含めてバリ対策を進めることが必要です。

2　生産工場における品質不良とは

板金プレス加工の不良

　金属薄板を加工する板金プレス加工の代表として、自動車のボデー部品があります。外板部品は一般的に5工程を経ますが、物理的に大別すると「切断」「曲げを含んだ絞り」になります。

❶切断工程の不良
- ダレ～薄板の中でも比較的厚い場合は、切断端面の上面が加圧方向に曲がる。これをダレと呼んでいる（**図1-13**）。上刃と下刃のクリアランスの大きさや型形状、摩耗によるせん断抵抗の増大などにより影響する。型精度の維持のためのメンテナンスが重要
- 断面粗さ～切断面はせん断面と破断面で構成されるが、破断面の面粗さが粗いと手仕上げをする場合がある。これもクリアランスの影響を受ける。ファインブランキングは、破断面がなく寸法精度が良い工法と言われる
- バリ～破断面の下部に発生する。バリが発生した板金部品は、その後の溶接作業などで位置決め不良のもととなると同時に、手作業時にケガをする要因となるため除去が必要になる。これも、型のクリアランスや型の摩耗に大きく影響する

❷絞り・曲げ工程の不良
- 割れ～特に絞り工程では絞り面の外側が延ばされ、薄肉になる。さらに薄く延ばされると、伸び方向に垂直に割れが発生する（**図1-14**）。割れの発生は、強度という機能そのものが守れなくなり重大不良を招く。そこで、パンチとダイのクリアランス調整や絞り部のアール形状、絞り段数が重要事項となる。鋼板と型の滑りを良くするため、加工油も厳選する。特に深絞りのような場合は、適切な成分を含んだプレス加工油を用いる
- しわ～たとえば、曲げ工程において曲げの外側は延ばされるが、内側では金属同士が圧縮され集まってくる。この部分でしわが発生する。しわは外観上好ましくなく、割れとセットで常に設計段階からに型合わせなどの型製造面、摩耗など型メンテナンス面まで留意したい
- キズ・凹み～自動車ボデーなどのプレス部品は機能面のほか、外観の面品質が重要になる。砂やゴミ（手袋の繊維など）が付着している鋼板をプレ

第1章 品質改善の基礎知識と基本原則

図1-13 | 切断工程の不良図

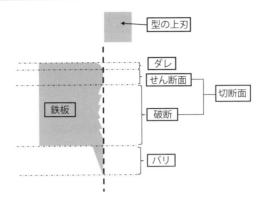

図1-14 | 絞り・曲げ工程の不良図

不良名	不良図
割れ	
しわ	
キズ	
凹み	

スすると、鋼板表面にキズや凹みが発生する。そこで、鋼板にゴミが付着しないよう保護すると同時に、手扱い作業時に留意する
○錆、汚れ〜鋼板の輸送時およびプレス品保管状態により、錆や汚れなどの不良が発生する。雨天時には湿度管理も重要になる

> **要点 ノート**
> 板金プレスの不良は、プレス品の機能に影響する不良と、意匠上の面品質を損なう不良があります。材料である鋼板の状況や金型仕上げ状況、加工設備の精度、適切な加工速度や加工油などの加工条件と維持が大切です。

2 生産工場における品質不良とは

溶接加工の不良

　溶接には多くの種類があり、大別すると融接、圧接、ろう接の3つとなります。ここでは、融接のうち基本的なものとされるアーク溶接の不良について取り上げます。

❶2つの欠陥
　溶接不良は、金属組織を溶融させるため外部から不良を観ることができない内部欠陥と、外部から見える表面欠陥があります（図1-15）。内部欠陥には、溶融金属にガスが残って空洞化するブローホールや、スラグが溶融金属に残るスラグ残留、溶接金属と母材が融着していない融合不良などが挙げられます。他にも、溶接金属が少なく開先の一部が未達である溶込不良や、応力・切り欠き・溶接熱の影響が重なって起きる割れなどの不具合が見られます。
　一方、表面欠陥としては、過度な凹凸による外観不良やビードの表面に生じた小さな窪み穴であるピット、溶接金属が母材に融合せず重なるオーバーラップ、母材および溶接金属の表面と接する部分にできるアンダーカット（溝）があります。また、内部欠陥と同様に割れが発生することもあります。

❷溶接不良の防止
　外観不良などの表面欠陥は目視検査（VT）で行いますが、内部欠陥は非破壊検査法である放射線透過（RT）や超音波探傷（UT）、磁気探傷（MT）、浸透探傷（PT）などで行います。溶接不良を防ぐ要点は以下の通りです。
　　○作業条件に応じた溶接棒の選定と乾燥（条件：低水素系では300〜400℃、低水素系以外の溶接棒では60〜100℃、乾燥時間はいずれも70〜100分）
　　○開先面と周辺の錆・土砂・ゴミなどを清掃、除去
　　○溶接作業エリアの確保（原則として管周から80cm以上）

❸溶接作業の資格
　溶接作業は順次、自動化やロボット化が進んでいます。反面、多品種の溶接作業では手作業の場合が多く、溶接品質の確保には技能資格を取得するのも有効です。
　試験は学科と実技があります。学科試験では、「溶接の一般知識」「溶接機の

第 1 章　品質改善の基礎知識と基本原則

図 1-15　溶接欠陥の例

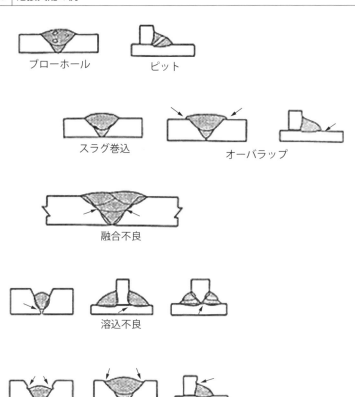

構造と操作」「鉄鋼材料と溶接材料」「溶接施工」「溶接部の試験と検査」「溶接作業での安全衛生」について問われます。一方、実技試験はJIS Z 3801に基づいて行われます。外観試験および曲げ試験により評価されます。

要点 ノート

溶接不良は、目で見える表面欠陥と、溶接内部に存在する内部欠陥に分けられます。外観検査のほかにも、破壊して接合強度を見る方法と、超音波や放射線などを使った装置による非破壊検査があります。

25

2 生産工場における品質不良とは

塗装の不良

❶塗装の種類
　「手塗り」「機器使用」「浸漬」など作業形態によって分けられます。手塗りには刷毛塗りやブラシ塗り、ローラー塗り、ヘラ塗りなどがあります。また、塗装機器を使う方式ではスプレー式が多く、圧縮空気をスプレーガンに供給するものが多いです。塗着効率を高める静電塗装もあります（**図1-16**）。浸漬式は、塗装液が入った槽に被塗装物を浸漬させる方法です。

❷主な塗装不良と対策
　○スケ〜塗膜が薄く、被塗装材が透けて見える。対策は塗装時間を長くするほか、塗料吐出量を上げるなどして塗膜を厚くする（**図1-17**）
　○タレ〜立壁面などに塗膜が厚くなると塗料が垂れる。厚塗りをせずに適正な塗料を使用することで防止する
　○ブツ〜被塗装面に砂や金属粉などが付着していると、塗装面に細かいブツブツ状の凸状面が多数できる。ゴミの付着など塗装環境を改善し、塗料のろ過・撹拌やシンナーの溶解に留意することが対策となる
　○ハジキ〜被塗装面に油などが付着すると、塗料が弾かれた状態になる。したがって、被塗装面の脱脂や水分を除去する
　○ワキ〜溶剤の蒸発により泡状の膨れ、穴が発生する。対策は、被塗装部品の塗料の溜りをなくし、シンナー調整などを施す
　○剥がれ〜塗膜密着不良、被塗装面の前処理不良、焼付不良により発生する。被塗装品の洗浄や化成処理、乾燥工程の改善などで対処する
　○にじみ〜二層塗り時に、下塗りの色が上塗りの色ににじんで見えること。下塗り塗料の顔料や上塗り塗料の溶剤の適正化などを行う
　○かぶり〜白くぼけて見え、光沢がない状態を言う。その場合は、蒸発速度の遅いシンナーの活用を検討する

❸塗装の検査
　主な塗膜検査法として、塗膜の機械的性質－引っかき硬度-鉛筆法（JIS5600-5-4）、クロスカット法（JIS5600-5-6）があります。引っかき硬度-鉛筆法は、塗面に鉛筆を垂直に当てて（750 kgの荷重）引っかきます。凹状の

図 1-16 静電塗装のメカニズム

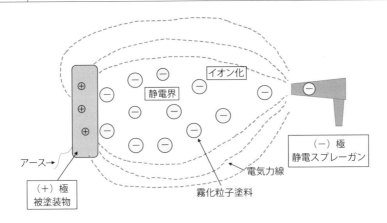

図 1-17 塗装不良の図

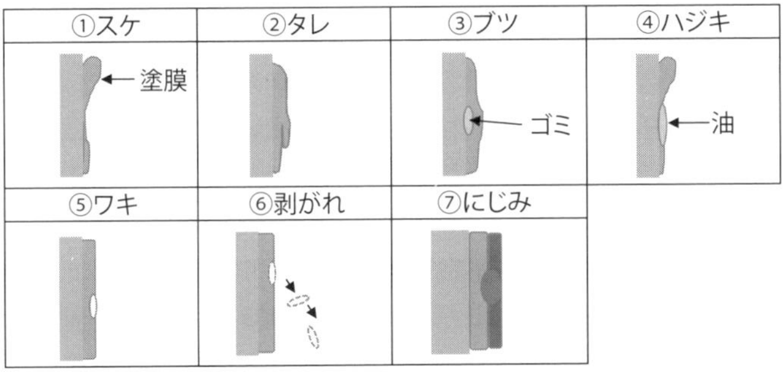

①スケ	②タレ	③ブツ	④ハジキ
←塗膜		←ゴミ	←油

⑤ワキ	⑥剥がれ	⑦にじみ

へこみが生ずる塑性変形と塗膜材質が、引っかきにより破壊された凝集破壊があります。傷跡が生じない最も固い硬度を鉛筆硬度とします。

　クロスカット法は格子状の切り込みにテープを貼り、それを引き剥がすことで塗膜の剥離耐性を評価します。透明感圧付着テープは 25 mm 幅で、約 10N の付着強さを有するものを使用します。格子状のクロス部分の剥がれ状態などにより 6 段階に区分されます。

> **要点 ノート**
> 塗装不良の原因には、塗料そのもの（溶剤・粉体）および被塗装部品の性状、形状、塗装技能、作業雰囲気など多数があります。また、塗装前の前処理や塗装後の乾燥条件なども塗装品質に大きく影響します。

❰2❱ 生産工場における品質不良とは

樹脂成形の不良

　樹脂成形には多くの種類があります（**表1-3**）。使用する材料には熱可塑性樹脂と熱硬化性樹脂があります。熱可塑性樹脂を使用する成形法には、射出成形、ブロー成形、真空成形などがあります。ここでは、多用されている射出成形の不良と対策法について例示します（**図1-18**）。

❶ゲート（樹脂流入口）付近に発生する成形不良
- ジェッティング～固化し始めた樹脂が後ろから来た樹脂に押されてできる紐形状の模様ができること。対策は射出速度を低下させるほか、ゲート位置の変更を検討する
- フローマーク～溶けた樹脂の流れが良くなく、成形品の表面に流れ模様ができること。金型および樹脂温度を上げ、射出速度を調整して対策する
- シルバーストリーク～空気や材料に含まれる水分が爆発し、成形品の表面にシルバー色の筋が発生した状態。材料の乾燥や背圧の上昇、射出速度の上昇などで空気・水分を除去して対策する

❷成形品の途中に発生する成形不良
- ソリ～成形時の残留応力によって成形後に発生する現象。金型およびシリンダー温度を低くするほか、射出圧力を下げる、冷却時間を長くする、製品肉厚を均一化することで対応する
- ウェルドライン～溶けた樹脂の合流部に筋状の跡が残る状態。合流の圧力を少なくするため、射出速度を下げて金型温度を上げる
- ボイド（気泡）～製品外側で早く固化し内側は遅れて収縮することで、成形品内部に生じた空洞のこと。保圧を上げ、樹脂温度と射出速度を下げる
- ヒケ～射出された高温の樹脂が冷却され、体積が減少して成形品表面が凹み、製品形状が保てない状態。保圧を高め、樹脂温度を低めに設定する

❸充填完了付近に発生する成形不良
- ショートショット～射出量が不足し、樹脂が早く固化するなどで必要量が行き届かず、一部欠けた状態になること。射出量を増やし、樹脂温度を上昇させ、射出速度を上げて対処を図る
- バリ～金型の合わせ面が精度良く合わさっていないと、そこから溶けた樹

第1章 品質改善の基礎知識と基本原則

表 1-3 | 樹脂成形の種類

材料の種類	成形方法	工程			例
		材料を軟らかくする	金型で形をつくる	固める	
熱可塑性樹脂	射出成形	加熱シリンダーで材料を溶融	金型へ溶融した材料を射出し圧入	冷却	
	押出し成形	高熱のシリンダーで材料を溶融	金型へ材料を押し出す	冷却	・パイプ ・シート
	ブロー（空中）成形	溶融した材料を筒状に垂らす	金型で材料をはさみ空気で膨らませる	冷却	・ペットボトル ・釣り用浮き
	真空成形、圧空成形	シート材をヒーターで加熱	金型へシート材を空気で吸引、または押し当てる	冷却	・容器 ・看板
	その他	圧延成形、注型成形、発砲成形、粉末成形など			
熱硬化性樹脂	圧縮成形	材料を予備加熱	金型へ材料を入れ加熱・加圧	重合反応	・灰皿 ・茶碗・汁椀

図 1-18 | 樹脂成形の不良図例

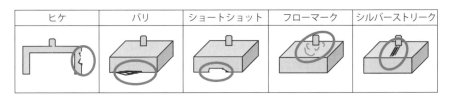

| ヒケ | バリ | ショートショット | フローマーク | シルバーストリーク |

脂が流出して出る現象。金型の合わせ面の精度維持や型締め力の強化、射出速度の低下などを検討する
○焼け〜熱による材料の分解で、成形品に変色や変色した筋が現れる。シリンダー設定温度を下げ、ゲートの大型化でガス逃げを大きくして対処する

要点 ノート

樹脂成形の不良は、流れ性状など材料や、射出圧など設備の作動条件、ランナー、ゲートなど金型の設計および作動条件、肉厚などの製品設計、清掃などの管理状態によって発生します。細かな条件設定が大切です。

【2 生産工場における品質不良とは

鍛造加工の不良

　鍛造加工には自由鍛造と型鍛造、押出鍛造に分けられます。自由鍛造には据込み鍛造と展伸鍛造があり、型鍛造には密閉鍛造と半密閉鍛造、閉塞鍛造、そして押出鍛造には前方押出し、後方押出し、前後押出し、側方押出しという方式があります（**図1-19**）。加工時の材料温度によって溶融鍛造、熱間鍛造、温間鍛造、冷間鍛造に区分されます。

❶鍛造加工の不良
　ここでは、多用される熱間鍛造の不良について説明します。
　○ヒケ〜狭い部分に前方押出しを行う際、1カ所に材料が集中流動して元の場所に材料が不足し、凹形状が発生する（**図1-20**）
　○座屈〜鍛造加工時の圧縮荷重を受けたときに上下の軸心がずれていると、斜めに押しつぶされるか弓状に曲がる変形が生ずる
　○表面割れ〜据込み比が、材料と温度に対して過大なとき、樽形状に膨んだ自由表面の円周方向に発生する2次的引張応力により生じる
　○中心割れ〜平金敷を用いて円柱を鍛伸するとき軸心部に生じる割れで、軸心部には大きな横方向の引張応力が生じ、そこにひずみが集中することでボイド（空隙）が発生し、結晶粒界がゆるんで割れる
　○かぶり〜角柱を鍛伸する際、角半径の小さい金敷で1回の押込み量を大きくとり過ぎると、前段階でできた鋭角で深い段差が折れ込んで生じる傷
　○しわ〜材料が金型に充満した後に薄いウェブがさらに圧縮され、鋭角な隅部でリブ底をせん断してできた傷
　こうした不良への対策には、曲率など製品設計の適正化や前処理、材料温度など鍛造加工条件の適正化、潤滑剤、型の清掃など管理の適正化が重要です。

❷不良を検査する方法
　目視検査と非破壊検査が代表的な手法です。目視検査には、拡大鏡やカメラなどを使用することがあります。カメラ周囲の光源や鍛造品の付着物、マスター画像の不備により誤判断する場合もあります。
　非破壊検査の1つに超音波探傷法があります。鍛造品の一方から内部に向けて超音波を発信し、鍛造品の出側端面から反射される音波を検出する仕組みで

第1章 品質改善の基礎知識と基本原則

図 1-19 | 鍛造加工の図（半密閉鍛造）

図 1-20 | 鍛造不良の例（ヒケ）

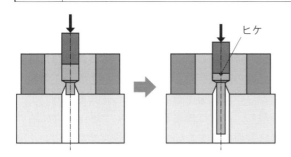

す。内部に欠陥があったとき、欠陥部で反射される超音波を検出することで異常を判断するものです。なお、日本非破壊検査協会が技術者資格試験をJIS規格（JIS Z 2305:2013）に基づいて実施しています。非破壊検査の種類（放射線透過・超音波探傷・磁気探傷・渦電流探傷など）別にレベル1～3が設定され、筆記と実技試験で判定されます。

要点 ノート

鍛造加工は生産性が高く、高強度の製品をつくることができる特徴があります。主な不良は表面の割れや傷、内部のボイドなどです。品質を確保するための検査は、目視検査や各種非破壊検査などで行われます。

31

2 生産工場における品質不良とは

鋳造加工の不良

　鋳造法には砂型鋳造、Vプロセス鋳造、消失模型鋳造、精密鋳造、重力金型鋳造、低圧鋳造、ダイカスト鋳造などに大別されます。最も代表的な砂型鋳造における砂型の種類としては生砂型（生型）、自硬性型（フラン自硬性鋳型）、ガス硬化型（水ガラス型）、熱硬化型（シェル型）があります（**図1-21**）。

❶造型方法に起因する欠陥

　金型不良を含む鋳造不良と対策について以下に紹介します。

　○ブローホール（ガス吹かれ）～鋳型から発生したガスが、湯の圧力で外部に出られずに固まった状態。砂の通気を改善するほか、押し湯の圧力向上や鋳型の適正な乾燥、鋳型からのガス発生を少なくする対策をとる

　○すくわれ～鋳型の一部が分離し、そこに溶湯が入り込んで砂と混在する砂かみが起きること。対策は鋳型がゆるまないようガス抜きを適正化し、鋳型の部分的な過加熱による膨張を回避するほか、溶融金属の流れが鋳型に強く当たらなくする。鋳型の取り扱い（押し込みや乾燥）に注意

　○型落ち～中子の据付時の不手際などで、上型から砂が落下してできる不良。鋳型の取り扱いに細心の注意を払う

　○型張り～溶湯の流動性圧力などで砂が押されて空間が広がり、肉が厚くなる現象。型合わせ面の削り過ぎや型込めずれに留意し、鋳型の締付けを均等にするほか、突き固めが不十分にならないようにする

　○差し込み～鋳物砂の間隙に溶湯が入ると鋳肌不良になる。鋳型の込付け強さを上げてバランスをとるほか、石炭粉やベントナイトなどを砂に混ぜて強くしたり、油砂などに酸化鉄粉を混入したりする

　○ずれ～型ずれと中子ずれがある。対策は、上型と下型の合わせ作業や締付け作業を適正に行い、型上げ時に模型の取り扱いに留意する

❷鋳造方案に起因する欠陥

　○割れ～凝固や収縮により発生する。設計時に厚肉部や角部を設けず、たとえばR形状を大きくしたり、リブ部を設けたりして対処する（**図1-22**）。

　○湯境（コールドシャット）～溶湯温度が下がって湯の流れが低下し、2方向に分流した湯が再度合流する際に境目ができる状態のこと

第1章 品質改善の基礎知識と基本原則

図 1-21 | 砂型の構造

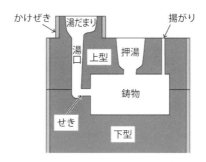

図 1-22 | 鋳物不良の例

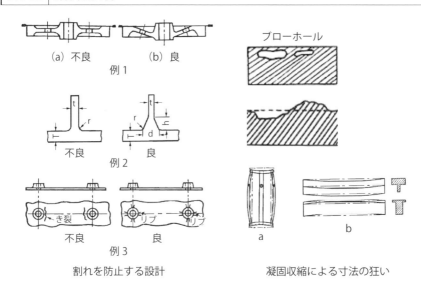

割れを防止する設計　　　凝固収縮による寸法の狂い

○寸法不良・鋳肌不良～薄肉部は厚肉部より早く固まるため、鋳物が反るなどして寸法不良になる。また、砂の選定や型込め方法、塗型剤の不良などで鋳肌不良が起きる。鋳造品不良の多くは砂型の不良により発生する。したがって、金属の熱膨張や収縮を考慮した型製作および取扱いに留意する

要点 ノート
金属の熱膨張などを考慮した上で、砂型の砂の成分や型込め力など細部の条件を明確にして決めていくとよいでしょう。バランスの良い型設計と丁寧な注湯作業および金型の取り扱いが、高品質の鋳造品を得る基本となります。

33

【2】生産工場における品質不良とは

熱処理工程の不良

❶熱処理の種類
　素材全体を熱処理する一般的な手法の焼き入れ、焼き戻し、焼きなまし、焼きならしと、特殊な方法である固溶化熱処理、サブゼロ処理があります（**表1-4**）。素材表面を熱処理する中で表面を硬化させる表面焼き入れ、浸炭焼き入れと、表面を改質する窒化処理、潤滑処理、改質処理に区分されます。

❷熱処理の不良
　ここでは一般的な焼き入れ、焼き戻しなどの不良について記します。
- ○焼き割れ～焼き入れのムラにより体積膨張ひずみが発生し、割れが起きる（**図1-23**）。焼き入れ時のみならず、冷却時など時間経過後にも起こる。対策は、製品形状が適切か見直すほか焼き入れ温度上げ過ぎない、焼き入れ直後に焼き戻しを行う、冷却を200℃以下にしない、が挙げられる
- ○熱処理ひずみ（焼き入れ変形）～焼き入れ、焼き戻しを行うと膨張収縮により熱変形が起きる。組織変化による変態によって寸法変形と形状変形などの体積変化が生じる。温度のムラをなくし、予熱を行うなど急な温度変化をなくすほか、冷却時間も留意する
- ○研削割れ～熱処理した後、研削加工時に加工面の温度が上がって組織が変化し、体積が増加して割れが発生する。100℃程度で発生する割れを第1種割れ、300℃程度で発生する割れを第2種割れと呼ぶ。組織がマルテンサイト化して体積が増加するために起こる。対策は、オーステナイト組織を熱処理で残留させないことや、研削時に温度を上昇させないこと。焼き戻しは、第1種割れは100～120℃、第2種割れは300℃で行うとよい
- ○脱炭～加熱時に空気中の酸素と鋼材の炭素が結合し、炭素が不足して焼き入れしても固くならなくなる。炭素が不足した鋼材表面ではマルテンサイト化が不十分になり、表面に残留応力が発生して内部との体積差が大きくなり強度不足となる。炭素が少なくなった層は脱炭層と呼ぶ。熱炉内の二酸化炭素と一酸化炭素の濃度を適正に制御することが求められる
- ○内部酸化（粒界酸化）～酸素や水蒸気、二酸化炭素などの酸化性雰囲気中で熱処理すると、金属表面が酸化する。処理中は鋼材表面から結晶粒界に

第1章 品質改善の基礎知識と基本原則

表 1-4 熱処理の種類図

番号	種類	内容
1	焼き入れ	鋼をその組織構造が変化する一定の高温まで加熱して、一定時間置いた後、一気に急冷すること。鋼を固くすることが目的
2	焼き戻し	焼き入れ後に再加熱することで、焼き入れのみでは変形や割れが生じやすい鋼に粘りや強靭性を加える
3	焼きなまし	一定の温度に均一にゆっくり加熱した後、ゆっくり冷却すること。加工する目的に応じて加熱温や時間を変更して軟らかくする
4	焼きならし	鋼の組織を均一化するために加熱し、大気中で空冷すること。機械的性質にすることが目的
5	固溶化熱処理	炭化物などの析出物が固溶する高温まで加熱し、一定時間保持した後、急冷する。延性の改善と耐食性の向上が目的
6	サブゼロ処理	焼き入れした直後に、さらに0℃以下に冷やすこと。硬さの均斉化や経年変化防止が目的

図 1-23 不良例（焼き割れ・脱炭）

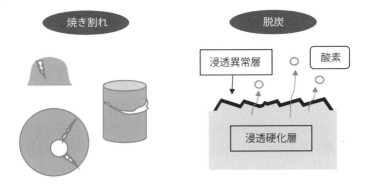

沿って拡散浸透し、結晶粒界が酸化することで異常摩耗や異常破損の原因になる。したがって、炉内の酸化性雰囲気を少なくし、一般的に窒素を炉内に充満させる。さらには、真空浸炭やプラズマ浸炭が用いられる

> **要点 ノート**
> 熱処理不良は、主に温度と時間の管理、および熱処理雰囲気の制御の不具合によって引き起こされます。特に温度感度において空間的均一さを維持することが基本になります。

2 生産工場における品質不良とは

組立工程の不良

　複数の部品を組み付けるには、ボルトやリベット、ファスナーなどの仲介具を用いる方法のほか、かしめやはめ込み、圧入、接着などがあります。概ね専用の工具を使用して作業することが多いです。

❶作業前のミスによる不良
　○誤品組付～組み付ける部品を間違えることで左右・上下対称部品など類似部品に発生しやすい。ミス防止のためには合マークをつける、部品形状を変えセットできないようにする、などが考えられる
　○締結部品の選定誤り～ボルト・ナットなどの選び間違いのこと。誤ると締結強度が保てない場合がある（図1-24）

❷締付け作業での不良
　○締付け忘れなど～複数のボルトを締める際にボルトの締め漏れ箇所が出てくる。対策は、必要なボルトの本数をあらかじめセットしておき、用意したボルトをすべて使い終えて作業終了とする
　○締付け力不足～必要な締付けトルクを満足できていない。ボルトのねじ部がダレているときは正規品に変更する。ボルトの回転数を設定し、必要時はトルクレンチを使用する
　○斜め締付け～ボルトとねじ穴が正しくセットされておらず、ボルトとねじ穴の向きに開きがあり正しく締まっていない。そこでボルト・ナットを正しくセットし、ドライバーなどを正しい方向にして使用する

❸組付後に発覚する不良
　○組付後の精度不良～大型部品はクレーンなどで運搬して位置決めするが、水平置きや垂直合わせ時にスクラップやゴミの噛み込みにより、水平・垂直などの精度が出ていない。対策は、床に置く場合は水準器を用い、垂直に組み付ける場合は角度測定器で確認し、ゴミや切りくずなどを排除する
　○はめ込み不足～樹脂製のグロメットやクリップなどが確実にはめ込まれていない。このような場合、グロメットなどは押込み力が不足すると樹脂のスプリング力により押込み途中で止まることがあるため、押込み端まで押す。一般的には押込み端で抜け防止のラッチが働くようになっている

図1-24 | ねじの締結

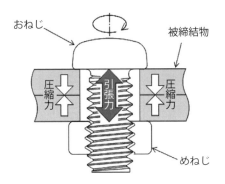

図1-25 | 接着による継ぎ手

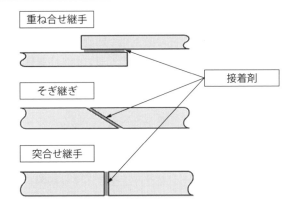

○接着剥がれ〜接着部が剥がれること。対策は、接着設計時に適正な接着剤と接着面（突合せ・そぎ継ぎ・和じゃくりなど）を取れる設計とし、均一にバランス良くローラーなどで塗布する（図1-25）。接着面は油や水分、ゴミ、錆、離型剤などをブラシや研磨などで除去。必要に応じてプライマー処理などの表面処理を行う

要点 ノート

組立工程の主要な作業はボルト締結と言っても過言ではありません。組立品質の確保には適正なボルト、適正な下穴、適正な道具、そして適正な作業方法を準備することが不可欠です。

2 生産工場における品質不良とは

電子機器製造工程（プリント基板）の不良

　電子機器製造の主な工程は設計、基板製作、基板実装、組立配線、試験調整という順をたどります。不良は、主にプリント基板実装工程で発生することが多いようです。

❶はんだ不良

　○はんだブリッジ（ショート）〜印刷回数が増えると、マスク開口部からはんだが裏側に伝わり、にじむことで発生する（**図1-26**）。印刷圧力や印刷位置なども影響する。ショートを防ぐには、適切な清掃とマスク開口部（断面性状）・印刷圧・印刷位置の適正化、印刷スキージのひずみ修正、部分的破損の回避、メタルマスク厚の適正（薄方向）化を実施する

　○はんだボール〜はんだ量が多い状態で印刷すると、実装時にはんだがはみ出すことで生じる。そこで、印刷位置や実装位置がずれないように修正する。メタルマスク開口部形状や厚みを補正し、はんだの粒径を適正化する

　○濡れ不足〜電子部品やプリント基板で、空気中で水分を吸収したり基板表面の銅箔部が酸化したりすることで発生する。その結果、実装後の加熱による水分の膨張で、パッケージクラックやワイヤー断線につながる。したがって、実装前は低湿度ドライボックスに保管し、水分吸収を防ぐ

　○ボイド（はんだ内部の気泡）〜フラックス残渣や発生ガスが、温度分布の影響で濡れ速度およびはんだの表面張力により、はんだ中に封じ込められる現象で接合力低下の要因となる（**図1-27**）。温度上昇の速度を適正制御することで対処する

❷組込み不良

　○クラック〜印刷スキージや実装ノズル圧力、バックアップピン不足などにより基板の反りが発生し、パッド剥離や部品破損などが発生すること。対策は、印刷圧力やノズル圧力、バックアップピン配置の適正化を図る

　○逆方向実装〜部品の実装方向の誤り。実装角度のセットミスや部品方向のセットミス、移し替え時のセットミスのほか、梱包形態（ICケース・ICトレイ・リールなど）の収納ケース内でのセットミスなどがある。部品梱包形態・セット方向の統一化、標準化、セット時のチェックを実施する

第 1 章　品質改善の基礎知識と基本原則

図 1-26 はんだとは

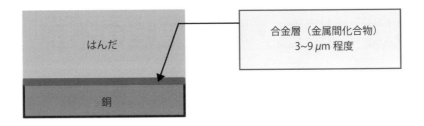

図 1-27 ボイド・基板の反り・はんだ粒径

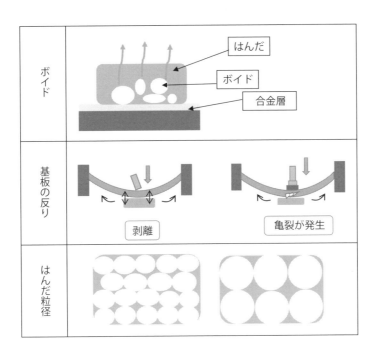

要点 ノート

プリント板実装の不良は基板そのものの不良が中心で、たとえば穴のバリや積層基板の剥離、基板そのものの反りなどが挙げられます。このほかにも、はんだ付けの不良や実装そのものの不良などがあります。

39

2 生産工場における品質不良とは

搬送・梱包・輸送工程の不良

　材料や仕掛品、製品を工程間搬送する場合、たとえば気体や液体、個体、柔らかいもの、固いもの、軽いもの、重いものなど搬送物の特徴に合わせていくつかの手段があります。工場内ではコンベアや台車、フォークリフト、AGV（無人搬送車）、クレーンなどを用いる例が多いです。

❶搬送時の不良

　○搬送機からの落下～落下時の落差や搬送品の材質・形状により、割れやキズ、変形、汚れが発生する。そこで、搬送時は急発進や急停止しない、搬送物に対する保持方法（クランプ、フォーク、磁力、真空などの方式）に適したハンドやツールを使用する

　○搬送機上での製品の相互干渉・擦過～搬送機上に製品を満載すると、搬送時の振動で互いが接触して製品表面にキズがつく。したがって、搬送機上で接触しない距離を保ち、搬送機は振動を少なくして振動吸収素材を使う

　○搬送機上での静電気破壊～電子機器部品の搬送時によく見られる。対策は、搬送機などにはアースの設置や静電気防止床材マット（劣化に注意）、リストストラップの使用、除電器（イオナイザー）の設置、湿度管理（結露、錆の発生に留意）などを行う（図1-28、図1-29）

❷梱包上の不良

　○梱包内での相互干渉・破損～梱包資材は金属、樹脂、木材、ダンボール箱が多いですが、被輸送物や輸送手段に不備があるとキズや破損が発生する。その場合、複数の製品を1つの梱包箱に納めるときは、製品同士が接触しないよう仕切り板や緩衝材を使う。大型部品などは木材の特殊パレットに、ワイヤーなどで確実に固定する

　○搬送容器汚れなどによる製品の汚損～梱包箱のフタが破損し、砂塵や金属粉などが紛れ込んで精密部品や電子部品に付着することがある。そのようなときは、梱包箱の清掃やメンテナンスを計画的に実施する

❸輸送上の不良

　○梱包箱の変形による製品の変形、破損～トラック輸送時や倉庫にストックするとき、製品を梱包したダンボール箱などを複数段積みした。その重量

第1章 品質改善の基礎知識と基本原則

図1-28 　静電対策・機械設備にアース設置

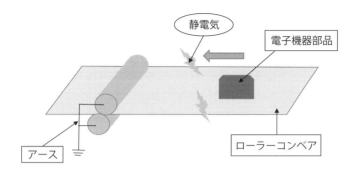

図1-29 　静電気防止床材マット・リストストラップ

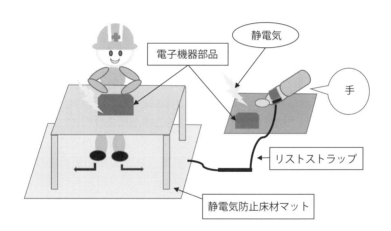

により下段のダンボール箱が変形し、梱包された部品が変形・破損する。対策は、段積みする場合は梱包箱の強度によりラックを設置。トラックの荷台に積載する場合は、大きな揺れに対応する緩衝材を使用しロープで固定する

要点　ノート

搬送や梱包、輸送時の汚れにより、製品が変形したり破損したりして不良品が発生する例は決して少なくありません。すなわち、搬送機器やパレット、梱包材などの最適化が品質確保に果たす効果は大きいと言えます。

41

コラム

● トヨタ生産方式の2本柱の1つが「自働化」 ●

　トヨタグループの始祖と言われる豊田佐吉氏が考えた「自働化 Autonomation」「ニンベンのついたジドウカ」は、トヨタ生産方式（TPS：Toyota Production System）の1つの重要な柱となっています。豊田佐吉氏は、自身の母が毎日手作業で機織り作業をしているのを見て、少しでも作業を楽にしたいと自動化しました。

　あるとき、母が織機で織られた布を手に、沈痛な面持ちをしている姿を目の当たりにしました。布を観察すると糸が切れていて、織った布がすべて不良品になっていました。これを見た佐吉氏は、糸切れ不良が発生したら即織機を止め、糸切れを修復して再稼働するような機構を追加したのです。これにより、糸切れによる不良品発生を防ぐことができ、母に安心して使ってもらえる織機ができました。

　織機の最高傑作と言われるG型自動織機には、こうした自働化や安全など24の機構が組み込まれています。これがTPSの、異常が発生したらラインを止め、即原因を特定して対策する考え方に引き継がれています。代表的な例が自動車の組立ラインに付設されている異常時の停止用のひもで、誰でもライン異常があれば、ひもを引っ張ってラインを止めます。即止めることで異常原因を特定しやすくなり、対策も容易となる結果、修復時間も短くなります。また、最も重要な不良の流出がなくなります。

　追記すると、佐吉氏にとって「自動化 automation」も重要な概念で、まず母の作業の負担を少なくすることが第一の目的で、その達成がすべての始まりであったのです。トヨタグループの源流企業とされる豊田自動織機や製品名のG型自動織機は、「自動」という文字を使っています。自動化・自働化とも佐吉氏にとって重要な概念なのです。

トヨタ生産方式の2本柱

【 第2章 】
全員を巻き込む
活動の前準備と道具立て

1 トップの意思表明とキックオフ、組織づくり

トップが率先しキックオフで意思統一

❶トップが思いをまとめる

　品質改善を確実に進める大前提として、トップが意思表明を行います。トップである社長やトップ層の役員は品質確保の重要性を肌で感じ、その思い（ポリシー）を端的にまとめ、社員全員に行きわたるようにします。その際は、できるだけ全社員にわかりやすく、身近に感じることができる表現を用いるとよいでしょう。

❷キックオフ式の開催

　トップの思いを全社員に行き渡らせる方法の1つとして、キックオフ式があります。キックオフを行うことで、活動の方向性や着地点などが明らかになります。キックオフという言葉はサッカーの試合開始時などに用いられますが、スポーツのみならず各種イベントの開会式に使われることも多いです。

　キックオフ式の内容は、品質改善に取り組む重要性と、取り組みに対する固い意志や決断を経営トップがまず表明することです（図2-1）。取り組みの目的や目標、ステップ別の実施期間、活動組織体系、活動責任者などを決めて周知徹底を図ります。

　式次第には、トップのキックオフ宣言のほか外部機関からの激励文紹介なども含まれます。トップに加え、現場の主要活動リーダーも登壇します。全員参加で行うことにより、社員全員を巻き込んだ一丸となった活動に展開することが可能です。

　キックオフ会場は大会議室や食堂を使用することが多いですが、工場の一角に広場があれば、工場現場の人にとっては参加しやすく、より臨場感を醸すことができます。このとき、過去に取り組んだ効果的な品質改善の現物などを展示するのも効果的です（図2-2）。

❸現場作業者への理解を示す活動

　最も重要なことは、第一線で品質改善活動に着手する重要性を理解してもらうきっかけづくりと展開です。作業者がつくる製品に対する顧客からの期待の声や、それに応える作業者の責任感、プロ意識の醸成と喚起が活動の成否のカギを握っています。それには、事前の地道な活動が欠かせません。

第2章　全員を巻き込む活動の前準備と道具立て

図 2-1　キックオフ式の内容（式次第）

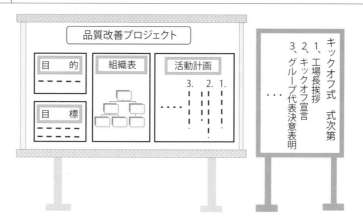

図 2-2　現場でのキックオフ会場

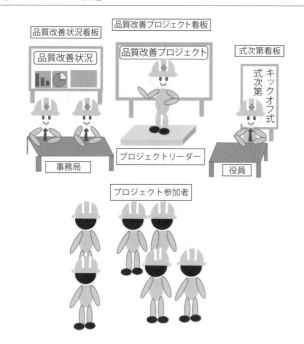

要点 ノート

トップの品質改善に対する思いを、身近で具体的な言葉で表現することから始めます。現場の理解を促すような活動を地道に続け、キックオフ式で全社一丸となった活動にまとめ上げることがキーポイントです。

1 トップの意思表明とキックオフ、組織づくり

経営幹部などによる品質改善合宿

❶階層別品質改善合宿

　品質改善キックオフの前後に、階層ごとに品質改善合宿の実施を勧めます。経営者・管理者・現場作業者と層別に行うと効果的です（**表2-1**）。全社の推進部署を決めて推進者は全合宿に参加し、階層間の調整や問題点を把握します。品質問題を多くの視点で層別し、他部門からの問題点を組織上や仕組みレベルで取り上げて議論します。

　経営層では顧客別、業界別など外部環境分析や、品質に関する人材確保、育成、組織など内部環境の問題を取り上げます。管理者層では、たとえば営業上の問題として具体的仕様、材質、特性などの不明瞭さや、設計上の問題として前提条件の設定ほか、検査分析条件や製造条件などの問題です。一方、現場作業者間では4M（設備・作業者・材料・方法標準）の視点で部門間の流れを意識し、自部門の品質問題を解決する手法について見直します。

　品質改善合宿は、各階層における品質改善活動の役割と具体的な進め方、座学と事例に関するディスカッションで構成されます（**図2-3**）。ディスカッションの終了後は、交流会を行って人的ネットワークの構築を促します。

❷研修テーマとディスカッションテーマ

　階層別のテーマを設定しますが、経営者層には会社運営の質向上、品質戦略、トップクラスリーダー養成、ディスカッションでは先進事例と自社との乖離を分野・時系列的に解析し、議論します。外部専門家を招くことも有効です。

　管理者層については、部門間連携や自部門の品質改善に対しての問題を議論し、横展開します。ここでは、議論するテーマの事前準備や進め方のストーリー設定、時間的なステップ展開など改善組織の細かい運営方法が決め手になります。現場作業者層では、品質改善の進め方の問題やコミュニケーションのノウハウ伝授、改善手法のステップ展開などがテーマの柱になります。

❸交流会を上手に活用

　正規の日程が終了した後に交流会を設定します。そこでは、仲間同士の具体的な困りごとや問題解決後の嬉しさなどを語り、共有する場とします。会場が

表 2-1　品質改善合宿の内容

階層	品質改善合宿の内容（座学、ディスカッション）
経営者層	外部環境分析：顧客別、業界別など 内部環境分析：品質に関する人材確保、育成、組織等の問題など
管理者層	営業上の問題：具体的仕様、材質、特性などの不明瞭 設計上の問題：前提条件の設定、その他、検査分析条件、製造条件などの問題　など
現場作業者層	品質問題の解決手法：4M（設備・作業者・材料・方法標準）の視点で部門間の流れを意識し、自部門の品質問題の解決手法の見直し

図 2-3　品質改善合宿の風景（グループ・ディスカッションなど）

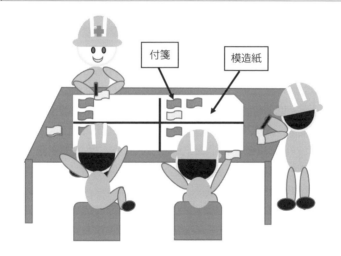

郊外のときは、翌日早朝にランニングなどをする場合もあります。さらに、同期会を設けて常に勉強や相互啓発につなげることも、品質改善チームの層の拡大に有効に働きます。

要点 ノート

品質改善合宿は階層別に行い、日頃気になっている問題や具体的な慢性問題などを議論します。ディスカッション終了後は宿泊して交流会を行い、ネットワークを構築して互いに研鑽する仲間づくりを進めます。

1 トップの意思表明とキックオフ、組織づくり

全員参加の連結ピン組織の活用

❶改善活動が進まない理由

　改善活動は現場で行うものとの考え方が根強く、スタッフが関与しない場合も多く見られます。さらに、経営トップの関与がない場合もあります。現場作業者のみの活動だと、毎日規定の生産品をつくらなければならず、実施する時間的余裕が少ないという問題が生じます。このほか活動場所や使用機材の準備に加え、活動グループや上司、関係部門への連絡調整が必要になります。また、技術的問題が生じて行き詰まるほか、コミュニケーションの問題で活動が進まない、必要な活動予算が取れないなどが問題となります。
　これらは、時間的拘束が緩やかなスタッフが関与することで準備調整がスムーズになり、また技術スタッフの参加で慢性問題にも着手しやすくなります。

❷連結ピン組織とは

　米国ミシガン大学の心理学者R.リッカートが提唱した、人と組織を結びつける機能を持った組織を連結ピン（linking pin）と言います。人と人をつなげ、組織を形成する良いリーダーシップを有する人が連結ピンの役割を果たします。中間管理者が、経営者と作業者をつなぐ連結ピンの機能を果たせば、双方の意思疎通が緊密化し、目的に向かって推進できる組織が形成できます。
　全員参加型改善活動に用いられる連結ピン組織は、会社のトップから役員、管理監督者、リーダー、作業者など階層構造に基づいています。1人のトップの下に複数の役員が並立するとき、トップを連結ピンの最初に置きます（図2-4）。さらに、各役員の下に複数の管理監督者層が並立しており、そのときの役員層にも各連結ピンが付与され、担当役員の下に連結されるのです。これを作業者層まで順次設定し、それぞれが連結ピンでつながります。これにより全員が連結ピンでつながり、情報共有や意思疎通が図られるのです（図2-5）。
　一方、各階層には横串を刺すための委員会を設け、推進上の問題解決や解決方法の共有、横展開を図ります。また連結ピン組織の各グループのまとめや、各階層の委員会の取りまとめ、トップとの改善の進め方や進捗、成果、予算などの報告調整を行う推進部署を設けます。リッカートが示す集団参加型組織の

図 2-4 連結ピン組織

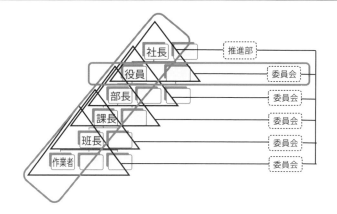

図 2-5 連結ピン組織の特徴

特徴	内容
既存組織の活用	新たな組織結成不要
改善は日常業務の視点	「長」がついたら「改善」が仕事。いつもの仕事の中からの改善点発見
トップダウン、ボトムアップの共存	ミドル→トップ→ミドル→ボトム→ミドルを繰り返し
横展開	各階層の横串（委員会）
問題の共有	トップとミドルのベクトル統一
漏れの排除	ミドルアップダウンの高頻度サイクル
情報伝達の迅速化	タテ・ヨコのクロス情報集約と展開

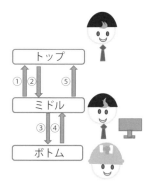

特徴は以下の通りです。

○支持的関係の原則〜個々の組織メンバーは組織の中で支持されているという実感を持ち、相互に信頼関係（支持的関係）を築く
○集団的意思決定の原則〜組織は小集団を単位として重複的階層構造をとり、意思決定や管理、作業は各段階で集団として実施される
○高い業績目標の原則〜業績目標はメンバーが自主的に設定する

要点 ノート

全員参加型の改善活動には連結ピン組織が有効です。その場合、階層別に委員会を設けたり、その委員会の取りまとめや連結ピン組織の各グループのまとめ、トップとの調整を行ったりする推進部署を設置するとよいでしょう。

1 トップの意思表明とキックオフ、組織づくり

トヨタの組織横断的チーフエンジニア制度

❶以前の呼称は主査制度

　製品の品質は、企画段階から取り組まなければなりません。そして顧客に届け、満足いただくまでの全プロセスを一気通貫でカバーすることが必要です。複数の工程を順序良く連続して進めますが、工程ごとに組織や担当者が替わり、ともすると自部門優位の考え方にとらわれ、本来の企画時点の思想が薄れる場合があります。したがって、1つの部門の1人の責任者が全プロセスを視ることが必要になります。この考え方を、品質だけでなく価格や嗜好、流行、トレンドなど顧客視点を踏まえ、製品企画から提供まで守備範囲とする制度をチーフエンジニア制度と呼んでいます（図2-6）。

　トヨタ自動車では豊田英二氏がこの制度を開始しました。自動車は製造工程が長く、多くの部品が分岐・合流して完成され、顧客に届けられます。トヨタのチーフエンジニアは製品を企画からデザイン、設計、試作、評価、製造、検査、物流、販売まで俯瞰し、外部環境（顧客要求、同業他社の動向、技術動向、市場クレームなど）を踏まえた車両の成否の責任を負っています。

❷主査に関する10カ条

　初代カローラを成功させた長谷川龍雄氏は主査の能力を以下に示しました。
①主査は、常に広い智識、見識を学べ
②主査は、自分自身の方策を持つべし
③主査は、大きく、かつ良い網を張れ
④主査は、良い結果を得るために全智全能を傾注せよ
⑤主査は、物事を繰り返すことを面倒がってはならぬ
⑥主査は、自分に対して自信（信念）を持つべし
⑦主査は、物事の責任を他人のせいにしてはならぬ
⑧主査と主査付は、同一人格であらねばならない。叱りたいときは自分を叱れ
⑨主査は、要領良く立ち回ってはならない
⑩主査に必要な特性〜智識・技術力（エンジニア、組立、進展させる力）・経験（レベル設定能力）・洞察力、判断力（可能性）、決断力・度量、スケールが大きい（経験と実績と自信）・感情的でない、冷静・活力、粘り・集中

図 2-6 チーフエンジニアの守備範囲と構成

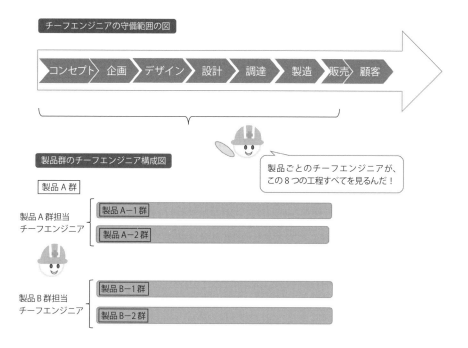

力・統率力・表現力、説得力（特に部外者、上司）・柔軟性（オプションを持つ）・無欲という欲

❸チーフエンジニアの育成

基本は唯一の権限が「説得」で、その支えとしての強い個性と行動力、自分の意見、協力を取り付ける手腕、勇気などが精神の根本にあります。チーフエンジニアは、これらに適した人材を日頃から見抜いて抽出し、主査付きとして早期から育成します。設計、製造、サービスの3品質は最重要テーマです。

> **要点 ノート**
> 品質問題も、チーフエンジニアのような立場にある者が、すべてのプロセスを一気通貫してカバーすることが重要です。特に顧客視点で考えることが欠かせません。

1 トップの意思表明とキックオフ、組織づくり

トヨタのREと逆RE、SE

❶ トヨタのレジデント・エンジニアとは

　トヨタのレジデント・エンジニア（RE：Resident Engineer）は、設計技術者が試作工場や製造現場に常駐して製造時の品質や機能面の問題を現地で直接経験し、設計にフィードバックするのが任務です。製造現場にRE室を設け、生産・製造技術者と綿密な情報交換や問題解決に着手するほか、外注先とも問題点の調整を行います。部品メーカーは自社が製造した部品がどのように組み込まれているかを現実に見ることで、問題や課題が見つけやすくなります。

　REの目的は設計変更の削減、問題点の早期解消、原価低減、開発費用・時間の圧縮、外注仕入先との連携確立などです。これはサイマルティニュアス・エンジニアリング（同時並行開発）の中の重要なフェーズです。

❷ サイマルティニュアス・エンジニアリング

　サイマルティニュアス・エンジニアリング（SE：Simultaneous Engineering）はコンカレント・エンジニアリングとも呼ばれます。開発期間短縮のため、先行工程の検討途中から次工程のエンジニアが検討会議に参加し、早期に検討内容の情報を入手して次工程の事前準備を開始します（図2-7）。

　先行工程が終わってから次工程が開始されるのに比べ、時間短縮が可能です。ただし、先行工程が十分検討できていない情報や修正前の情報など、あまりに早く次工程の準備を始めると修正などが生じるため、参加時期の見極めが重要です。また、参加部署や人員も進行状態に合わせて順次増減します。

　上流工程の検討会議に参加し、自部門の事前準備が早くできる機能と、次工程の不具合発生を回避するために先行工程に設計変更を行ってもらうことや、作業効率化のための提案をする機能があります。これにより全体のリードタイム短縮や品質不良低減、作業性向上などによる原価低減につながります。ひいては開発期間が短縮でき、新製品の市場投入が俊敏に行えることになります。

　さらに進めると、この逆である生産・製造技術者を開発技術部門に派遣し、開発時に生産上の問題を設計中に顕在化し、問題解決と設計を同時並行させることを逆REと呼んでいます（図2-8）。これにより設計図の不適合による手戻りが激減し、初期流動期間も短縮できるのです。

図 2-7 サイマルティニュアス・エンジニアリングのイメージ

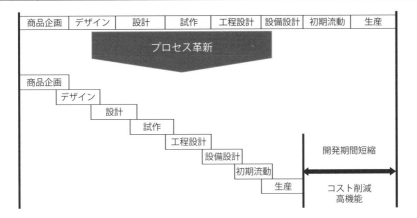

図 2-8 REと逆REの関係

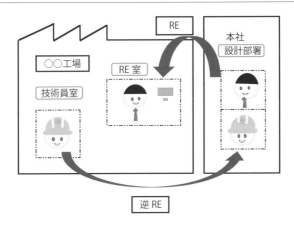

　REや、逆REは相手側部署に常駐して常時情報を共有し、問題を未然に防ぐ仕組みです。一般的なREとは、企業が顧客などに自社の技術者を派遣して、派遣先のニーズを取得する目的のエンジニアでした。また、顧客に納入した設備について効果的な使用方法や運転方法を教えるために、納入先に常駐するエンジニアを意味することもあります。

要点 ノート

REは開発技術者が製造現場に常駐し、逆REは生産技術者が開発部門に常駐して、品質など技術課題を早期に解決することが目的です。原価低減や開発リードタイムの短期化に大きく貢献します。

2 品質改善の環境づくり

品質改善7つ道具

❶データ採取の進め方

　よく知られたQC7つ道具は、採取された各種データをどのように取り扱い意味のあるグループに分けるか、が主な役割でした。品質改善7つ道具はデータ採取から始まりますが、巻き尺、ルーペ（拡大鏡）、ビデオ付きカメラ、録音機、携帯式温度計、ピンセット、試料採集容器の7つの総称です（**表2-2**）。

　○巻き尺〜長さを測る。キズの大きさや不良発生範囲の測定などに使う。スケールやノギスなどと使い分ける

　○ルーペ（拡大鏡）〜不良現象が小さい場合の観察に用い、ペンシルタイプのものがよく使われる。微小な摩耗、亀裂、破損粉、液状物に混入した夾雑物などの観察に使用

　○ビデオ付きカメラ〜不良品全体や不良部分、不良発生時の設備状況や加工条件を写真撮影。素材の流れや設備動作も必要に応じてビデオ撮影する

　○録音機〜設備始動時、停止時、加工時、無負荷時、クラッチ・ブレーキ作動時、モーター・ローラー回転時など不良につながる異音を記録する。定常音と異なれば精密診断に進む

　○携帯式温度計〜品質に温度が関係する場合、簡易的に携帯温度計で温度を測る。素材や加工時、不良物の温度を測定する。接触式・非接触式がある

　○ピンセット〜微小物、不良品の破片、不良粒子、微小危険物などを集めるときに使用。微小高温物低温物にも使う

　○試料採集容器〜固形物、ゾル状物、液物、ガス状、個液混合物などの収集物の容器で、ガラス製、樹脂製、金属製、布製などがある。容器形状は採取物を入れやすくて取り扱いやすく、漏れにくくて破損しにくいものを選ぶ。透明タイプか、光が届かない色付きにするかなど選択も重要

❷数値で客観的な把握を心がける

　このほか、これらの7つ道具をコンパクトに収納するケースや、さらにはケースと記録用方眼紙などを常備した品質改善台車を準備すると便利です。

　品質不良品は時間経過により劣化、変質、減耗することがあります。できるだけ早期に発生現場に赴き、発生した不良品はもちろん加工したプロセスに関

第 2 章　全員を巻き込む活動の前準備と道具立て

表 2-2 　品質改善 7 つ道具の役割

No.	名称	使用用途	略図	測定物
1	巻き尺	長さ測定		不良品の大きさや、発生場所の範囲など
2	ルーペ（拡大鏡）	不良現象が小さい場合の観察		微小な摩耗、亀裂、破損粉、液状物に混入した夾雑物など
3	ビデオ付きカメラ	写真・動画の撮影		不良品全体や不良部分、不良発生時の設備状況や加工条件を写真撮影
4	録音機	異音の記録		設備始動時、停止時、加工時、無負荷時、クラッチ・ブレーキ作動時、モーター・ローラー回転時など不良につながる
5	携帯式温度計	温度測定		品質に温度が関係する場合の簡易的な携帯温度計
6	ピンセット	微小なものの収集		微小物、不良品の破片、不良粒子、微小危険物などを集めるときに使用する
7	試料採集容器	収集物を収める容器		固形物、ゾル状物、液物、ガス状、個液混合物などの収集

係する設備、治具などの状況も把握しなければなりません。現状を数値で極力把握することが、効果のある解析や改善につながります。

要点 ノート

品質改善 7 つ道具は、不良原因を探索するための現状把握およびそのデータを現地・現物で取得するために使うモノです。提示以外のモノも工夫して活用すると、良い結果に結びつくことが期待できます。

【2】品質改善の環境づくり

品質改善道場

❶品質改善道場に用意するもの

　品質改善に必要な各種ツールや現場ノウハウを知識として教えると同時に、実習を行い訓練して、作業内容のレベルアップを図ります。知識と同時に、特に技能や技を重視して伝承します。

　品質改善道場には、目標や品質に関するトップの思いなどを大きく掲示します。また、品質改善テキストやマニュアルなどの教材、ビデオやDVDなどの教育機材も準備します。製品ごとの品質不良の現物に加え、外観でわかりにくい不良品は内部不良がわかるようカットモデルで展示します（図2-9）。各不良品については発生原因を写真などで示し、理論的に説明するボードなどを付設します。さらに優れた品質改善事例は、改善者やグループの集合写真も含め、A1サイズの報告書1枚にまとめて壁面に掲示します。

❷実技訓練の進め方

　実技訓練では、以下に示すような不良や設備などの不具合を見分ける能力を育成します。主な工程の不良は、切削加工では面粗さやバリ、刃物の摩耗状況、寸法などの測定、プレス加工ではスプリングバックなどによる形状不良、型の摩耗、割れ、しわなどの不良、溶接ではビード形状、塗装では塗膜状況やタレなど、鋳造では巣、樹脂成形ではパーティングラインのバリなどとなります。それらを現物で展示しておくと、初心者の理解がスムーズです。

　一方、匠と呼ばれる高度な熟練技能者の作業姿勢や、ヤスリがけなど道具の力の入れ方をセンサーでデータ採取して独自教材を作成することも、作業能力の早期育成と作業品質の早期安定化には有効です。そこで座学用の教室のほかに、品質確保に主眼を置いた実技訓練場を設置します。特に品質確保が人の作業習熟度に負う場合で、たとえばアーク溶接や塗装作業、中でも仕上げ塗装や自由曲面の金型磨き作業などは安全衛生も含めた作業訓練が必要です。

❸実技訓練に必要な道具立て

　訓練作業に適した作業台、道具・備品、設備などを配置します。このときの注意事項として、1次側の電源・エアー源などの付設処理や切りくず、塗装飛散粉塵、クーラントミスト、プレス作業のスクラップ、樹脂成形のゲートおよ

第2章 全員を巻き込む活動の前準備と道具立て

図 2-9 道場内の不良展示例

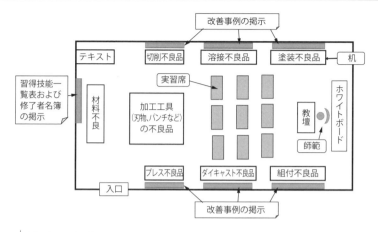

図 2-10 道場内の道具立て位置

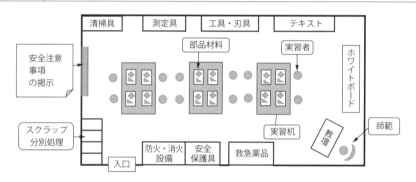

びバリ、鋳鍛造品のバリなどの最適処理を行うようにします。必要に応じて各現場で使わなくなった設備を安全も含めて復元し、実機を設置して教育訓練に活用するとより臨場感が出て効果的です。

また、ブロックゲージやマイクロメーターなどの検具・測定器、さらには耳栓や保護メガネなど保護具の整備と保管棚の5Sを徹底します。特に各種清掃道具の整備は重要です（図2-10）。道場の師範はその道の手練れであり、論理性を備えつつ毅然とした態度で対応できることが必須です。

要点 ノート

品質改善道場では品質に関する教育や訓練、そしてその重要性を認識させるさまざまな啓蒙活動などを行います。品質改善事例や品質不良の現物などを展示すると、臨場感が出て理解が早まることも期待できます。

2 品質改善の環境づくり

品質改善虎の巻と免許皆伝、師範

❶改善知識・技能の手引

「虎の巻」とは、中国で周の時代にまとめられた兵法の指南書である「六韜」（文韜・武韜・龍韜・虎韜・豹韜・犬韜の6つで構成）のうち、虎韜から出た言葉です（図2-11）。兵法の秘伝や極意を記したものという意味から転じて、教育訓練用の解説書、ガイド本、あるいはノウハウ書として使われています。

品質改善虎の巻は、主に品質改善道場などの座学で教える基礎知識が相当します。このほか、品質不良が発生する原因の探索方法や不良発生のメカニズム、物理・化学的な解析、簡易・精密分析手法、さらには道具の持ち方や手足の構え姿勢、官能検査の勘所などカンコツ作業のポイントを記述したワンポイントレクチャーなども、虎の巻に含まれます。

実技における訓練では、たとえば金型磨き作業や精密仕上げ作業、手指の触覚による検査作業は文章表現が難しいですが、写真やイラスト、訓練器材の工夫点などを記載します。できるだけ数字表現にこだわり、たとえばヤスリなどを把持する位置や角度、足腰の構えの角度などは重要ポイントです。作業台の高さや検査治具の向きは、安全面も加味して調整します。作業者の体躯に合わせた各種設定が大切です。

❷技能習熟度の認定

「免許皆伝」は、もともと武術や技芸において、師匠が弟子にその奥技を残さず教えることを意味しました。品質改善道場ではQC7つ道具や新QC7つ道具などの各種品質管理手法、信頼性手法、その他解析手法などの習得と実践力、技能面の習熟、教育訓練面でのコミュニケーションを含めた指導力が、各レベルで規定値に達したら修了証を発行する仕組みです。最高レベルを修了できた人は「免許皆伝」となり、経営トップから「免許皆伝証」を受領します。

一方、「師範」とは品質改善道場のトップの指導者を指します（表2-3）。その分野での先達のことで、理論中心の「塾」であれば「塾頭」に相当します。師範は、免許皆伝レベルの人で品質改善の実務に精通しているだけでなく、理論・体系的に把握できることが必須です。また、師範の計画的な育成と実力の維持向上も忘れてはなりません。次々に開発される化学物質や新素材、さらに

図 2-11 | 虎の巻の語源（六韜）

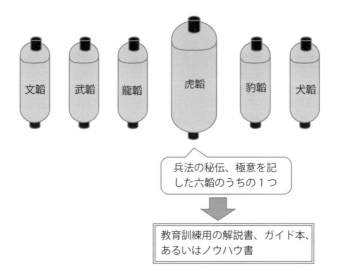

表 2-3 | 師範の備える能力

能力	内容
①技能力	不良品をつくらない、優れた作業（匠の技）ができる、また手法が活用できる
②技術力	現状の設備型、作業方法などを理論的裏づけから指揮できる
③コミュニケーション力	リーダーシップ、調整などができる

はたとえば各種のレーザー改質といった新工法、インテリジェント設備、新測定法など常に新技術の習得に努めることが重要です。

> **要点 ノート**
> 品質改善のスキル育成には、実践の場である道場のほかに教材としての「虎の巻」と、成果目標である「免許皆伝」、指導者に相当する「師範」の三位一体による推進が大切です。基本に加え、新技術を貪欲に修得する姿勢も欠かせません。

2 品質改善の環境づくり

不良品ヤードカレンダー

❶不良品ヤードカレンダーの効果

　不良品の日々発生状況を各担当者が理解できるように、倉庫の空地などでカレンダー状に不良品現物を使って数や内容を並べたものです。日々の推移がすぐ見て取れ、不良対策が奏功しているかどうかが即確認できます（**図2-12**）。

　担当者にとっては不良を出したことが社員全員に知られることになり、その結果問題意識が向上し、改善への責任感が生まれやすくなります。現物の不良部分に、不良の種類により色を変えたペンキを塗布したりエフをつけたりして、種類のみならず場所や形状、数の変化状況も見ることが可能です。

❷不良品ヤードカレンダーのつくり方

　通常は1カ月など期間を決めて実施します。場所の確保が必要で、工場や倉庫などの空地を整理します。製品によっては体育館を使うときもあります。

　工場で行う場合は床面を洗浄し、白色ガムテープで升目状に区分して床面に貼り、1日ごとの推移がわかるように配置して月度カレンダーとします。升目の大きさは、晒す不良品の形状や大きさ、数により決めます。晒す不良品の置き方は同じ姿勢・向きで、床面積は少なくなるように決めます。不良品は床に直置きせず、パレットに載せます。金属製品は錆が発生しやすく、晒し物によっては防錆処理が必要です。また、中空の鋳造部品や溶接部品などは、欠陥部分が見えるようにカットモデルを用意することも有効です（**図2-13**）。

　不良品ヤードカレンダーは、不良の代表を展示することではなく、対象とする不良品全数を作業者に晒して、不良品数という負の側面を認識することが目的なのです。これだけ多数の不良品が顧客に渡ったら、大きな迷惑がかかることが不良現物を晒すことで容易に理解できるのです。

❸運営方法

　不良品ヤードカレンダーの活用方法は、新製品立ち上がり時の品質上の問題を、不良現物で示して早期に問題を解決する場合と、重要品質問題が発生したときの特別プロジェクトを結成し対策する場合、さらには慢性不良で多面的な視点で解決に当たらなければならない場合に、特に有効な方法です。主管部署は品質管理部で、製造や調達、生産技術、設計部門が加わります。壁面には、

図 2-12 不良品ヤードカレンダーの例

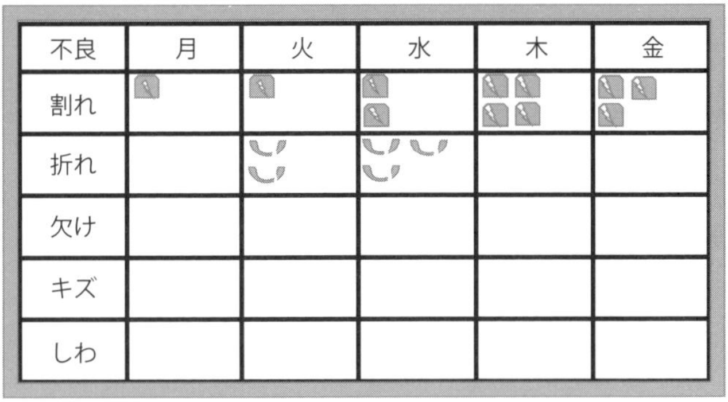

不良	月	火	水	木	金
割れ					
折れ					
欠け					
キズ					
しわ					

図 2-13 内部に不良を含んだ製品のカットモデル

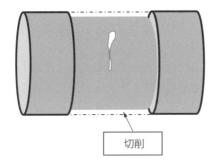

取り扱いに注意を促した上で品質不良に関する統計的データを掲示します。

❹品質教育

　再発防止や未然防止につながるように、現在継続して実施している具体的な不良防止対策を図や写真などで示します。目安箱を設置して意見を集めることもあります。トップから一般作業者まで現状を常に可視化することで、問題解決のためのアイデア創出に役立てるのです。

要点　ノート

不良品発生数の状況をカレンダー状に現物で示すことで、臨場感を持たせ、責任感の醸成と解決案の創出を狙っています。再発防止や未然防止の歯止め策が重要です。

【2】 品質改善の環境づくり

不良品さらし台

❶さらし台の元の意味
　ヨーロッパなどで罪を犯した人の刑罰として市中でさらし者にしますが、さらし台はそのとき使う道具でした。人通りの多いドイツのマルクト広場や、フランスのノートルダム礼拝堂などに設置されます。日本では罪人のさらし首を乗せる台で、罪を諌め再発を防止するのが目的でした。

❷品質上の目的と内容
　それにちなんで、ここでは不良品発生を戒め、再発を防ぐ仕組みとしました。罪人を不良品に置き換え、材料不良や加工不良が発生したとき関係者に問題発生を広く周知し、品質標準や作業標準の再確認と再徹底を行い、襟を正して再発防止することを狙いにしています。
　設置場所は、不良品発生場所や発生設備近傍に設置する場合と、多くの作業者が目にすることができる場所で、たとえば朝礼実施広場に設置する場合などがあります（図2-14）。不良品の不良箇所にマークをつけると同時に、拡大鏡を設置して詳細状況を視覚的にわかるようにします。不良品の外形に鋭利な突起部分やナイフエッジがある箇所は、テーピングでケガを防ぐ対策をします。化学薬品などの液物の場合は、落下させない工夫と同時に落下させても破損しない容器に入れるなど留意します。

❸不良品の選定など
　さらし台に乗せる不良品は、重要部品か不良個数が多いもの、慢性的に発生しているものを選定します（図2-15）。慢性不良品を選定する理由は、不良要因が複数考えられ、工程も多く関係する際に多くの人の知見を現場・現物で確認することで、解決につながるからです。特殊な例としては、重大不良を途中工程で発見し流出を防いだ事例です。自工程でなくても重大不良を見つけ、流出防止ができた理由の横展開を目的とする場合もあります。
　さらし台には不良発生数の推移や対策状況、解析状況などが掲示され、内容は1日ごとに更新されます。対策が完了し歯止めがされたら、さらし台は撤去されます。さらし台用に塗色された不良品の現物や解析に使われた資料は、改善訓練用の教材として使われます。さらし台から撤去される不良品は、良品と

図 2-14 さらし台の工場内設置場所

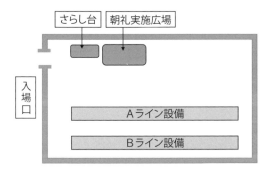

図 2-15 さらし台とさらし不良品

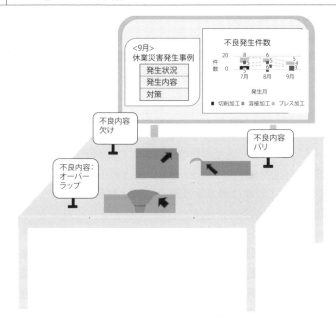

の混入を避けるため確実に廃棄します。さらし台の対象となった不良品は、不良対策プロジェクトを編成して技術と仕組みの両面から原因を探索します。

要点 ノート

さらし台は、現物を晒すことで臨場感が増します。不良の発生を戒め、原因を探索して解析し、対策を行うサイクルを確立しましょう。再発を防ぎ、横展開する行動に弾みをつけることができます。

2 品質改善の環境づくり

品質朝市・夕市

❶朝市・夕市の機能

　早朝や夕方に港町では魚介類や海藻類、農協広場では野菜をはじめとする新鮮な食材を販売するなど、市場は地元のコミュニケーションにひと役買っています。工場における朝市は、前日の夜勤に起きた品質上の問題を関係者全員に共有してもらい、早期に対策するものです。夕市は当日に発生した品質問題を取り上げます。関係者が集合できる現場の広場で、発生した不良現物を見ながら状況や生成条件を確認し、担当に報告して対策を検討します。

　すなわち発生した不良内容で、品質標準書に記載される規格値を満たさない項目について報告と議論を行います。具体的には、切削加工での表面粗さや表面のキズ、鋳造品などの内部欠陥状況、発生数量・日時・工程、圧力設定などの設備や型治具の加工条件、作業手順、作業者の習熟度、材料供給の荷姿などの写真・測定データをもとに検証します。

　現場で測定したデータで不足の場合は、さらに精密測定や機器分析を行います。設備の精度不良や金型摩耗、治具の位置決め不良、使用する薬液濃度やpHなどのデータが必須のため保全技術者の知見も重要です。これらの点検項目をもとに品質問題連絡書を作成し、帳票化しておくことが必要です（**表2-4**）。

　朝市の出席者は製造部長、各製造課長、品質担当技術員、保全技術者、各作業リーダー、生産技術部、品質管理部などです。開催場所の壁面には品質不良の推移グラフ、不良内容を示したパレート図、対策進行表と担当者一覧表が掲示されています。また、過去の不良対策書のファイルなども準備します。

❷初期流動時の対応にも活用

　一方、朝市・夕市は新製品立ち上げや新設備、新ライン増設時の初期流動問題をプロジェクト的に行う場合にも実施します（**表2-5**）。日常的な品質問題は品質管理部が主催しますが、新製品プロジェクトは製造部が主催します。生産技術部が主導してきた新製品立ち上げ時において、製品品質や生産性、安全など各項目の完成度を製造部として確認し、不足部分を明確にするため製品や設備の問題を初期稼働させて不具合を顕在化するのです。

表2-4 品質問題連絡書

```
           品質問題連絡書
                    発行部署
  不良内容
  発生時期
  発生ライン設備
  発生数
  工程内    完成検査      流出
   不良内容


   原因（推定）



   対策方法・日程
```

表2-5 朝市・夕市の種類

種類	実施時期	時間	組織範囲	内容
日常管理としての朝市・夕市	毎日（定常）	約30分	課レベル	・不良に関するすべてを対象 ・件数×数量 ・重要問題の有無
初期流動としての朝市・夕市	初期流動期間毎日（1カ月など）	60分	プロジェクトメンバー（生産技術・設計・製造・品質保証・生産管理など）	・初期流動期の問題抽出 ・問題の早期解決 ・各課指導の進捗（生産量・不良数・故障数など）
その他、重大問題発生など	重大問題発生から終息まで	30〜60分	品質関連部門	・重大品質問題の技術的・管理的問題の対策状況

　顕在化された不具合は、生産技術の整備部門が責任を持って早期に対策します。問題摘出件数と対策件数が日々グラフ化・見える化され、問題が収束するまで継続されます。毎日この活動を続けて問題を解消します。製造部としてきちんとした設備・型で生産を行うために、初期流動時の夕市は重要な位置づけになっています。この収束日数がプロジェクトごとに比較され、活動内容方法そのものが改善されます。

> **要点　ノート**
> 朝市・夕市は早期発見、早期原因探索、早期対策を行うことで、再発防止と横展開を迅速に進めることを狙いとしています。新製品立ち上げ時の不具合顕在化に効果があり、人材育成にも有効です。

3 不良の見える化、オモテ化、決め事

3Hと4Mと5S

❶ 不良を誘発する3H

品質不良が発生するタイミングとして3Hが挙げられます。3Hは、「Hajimete：初めて」「Henkou：変更」「Hisashiburi：久しぶり」の頭文字をとって体系化されました（図2-16）。つまり、初めての作業や変更後の作業、久しぶりの作業のときに、不良が発生しやすくなることを表しています。その対象は4Mに向けてです。

❷ 3Hと4Mについて

4Mとは、「Man：人」「Machine：機械」「Material：材料」「Method：方法」の4つで、モノづくりの4要素として有名です。初めて作業する人、初めて使う設備・型、初めて採用する材料、初めて採用する工法・作業方法という場合に、成り行きに任せていると不良発生につながります。

次に、昼勤や夜勤のように作業者の変更があったとき、使用する設備が変更になったとき、使用する材料が変更になったとき（たとえば鋼板材質が午前と午後で変更）、また加える温度が変わるなど工法が変更したときに、不良の発生が危惧されます。そして、担当作業者にとって久しぶりに行う作業のとき、たとえば遊休設備などを久しぶりに使う場合、久しぶりに使う材料、久しぶりに行う作業方法のときにも、過去の経験による思い込みや間違いなどから、不良が発生することが考えられます。

❸ 4Mと5Sについて

5Sは整理、整頓、清掃、清潔、躾の5つです。3Hのタイミングにおいて4Mにおける不良発生回避のため、4Mのそれぞれについて5Sを徹底することが必須となります（図2-17）。以下にいくつか例示します。

- 人の5S～作業者などの頭の中にある作業予定やその結果の整理・整頓、また躾の基本である「ほうれんそう（報告・連絡・相談）」を重視
- 設備などの5S～設備に使う刃具や検具の整理・整頓。切りくずやスクラップなどの清掃、手洗い設備・食堂などの清潔維持とそのための躾
- 材料・素材の5S～材料を整理・整頓しないと誤品や材料そのものの傷つきや劣化、減耗が発生し、不良発生の原因となる

第 2 章　全員を巻き込む活動の前準備と道具立て

図 2-16 ｜ 3H とは

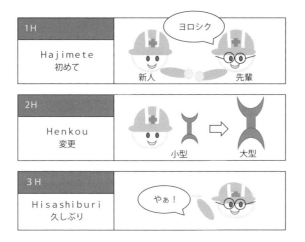

図 2-17 ｜ 3H と 4M と 5S の相関図

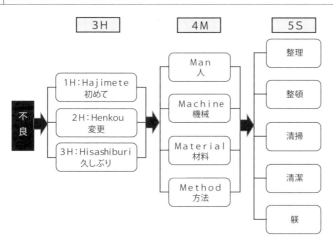

○方法・手段・手続の5S～作業手順書は改善による改訂や各標準書、規定類の体系化、廃棄を実施。特にパソコン内の情報資料についての5Sを行うことは大切

要点 ノート

品質改善には、3H → 4M → 5S のシステム的思考が基本です。すなわち、3Hのタイミングにおいて 4M における不良発生を回避すべく、5S を徹底することが必須という流れになります。

67

3 不良の見える化、オモテ化、決め事

エフ付け・エフ取り

❶エフで不具合を明示
　エフ（絵符）とは、江戸時代に大名や公家・寺社などが荷物を輸送する際、自分の荷物を示すためにつけた荷札が始まりでした。一般的には、運搬する荷物の素性や取扱注意事項などを記した札やシール、タグを指すことが多いです。工場では、設備や型の不具合箇所を明示するために取り付けます。また、加工製品や部品などの不良箇所を明示するときに用いられることもあります。
　TPM活動では、自主保全活動の中で設備不具合箇所にエフを取り付け、問題の顕在化に使っています。問題を解決するとエフを取り、問題の見える化と改善実績を数値（エフ付け・エフ取り数）で表現しているのです（図2-18）。

❷エフの内容
　エフに記入する事項は、不具合の設備名のほか発見日や発見者、不具合内容などです。不具合管理表で対策管理します。エフの種類は以下の4つです。
　　○赤エフ～専門の保全技術を持った保全マンでなければ、不具合を復元できない場合に使用
　　○白エフ～基本保全能力を習得したオペレーターが復元可能なもの
　　○黄エフ～不安全箇所や不健康箇所の見える化に使用
　　○緑エフ～ゼロエミッションなど環境課題や省エネ・創エネの顕在化に使用

❸エフ付けの進め方
　品質不良発生の原因の1つに設備不良があります。加圧力や温度設定、加工刃具不良、型摩耗などです。設備不具合を見つけてエフをつけますが、設備の不具合はボルトのゆるみなどの微欠陥や油量不足など基本条件不良、清掃点検などの困難箇所、漏れ・飛散などの発生源などを見つけることが重要です。
　エフ付け作業の優先順位として、まず設備が停止している状態で、①外観目視で不具合を見つけて不具合場所近傍にエフ付け、②切りくずや抜きかす、油汚れなどの清掃実施後、不具合を見つけてエフ付け、③安全を確認してカバーを外し、不具合を見つけてエフ付け、④分解したユニットなどの不具合を見つけ、清掃後に不具合を見つけてエフ付け、となります。
　さらに設備を稼働後、①安全を確認して外観、温度、異臭、振動、異音など

図2-18 エフとエフ付けマップ

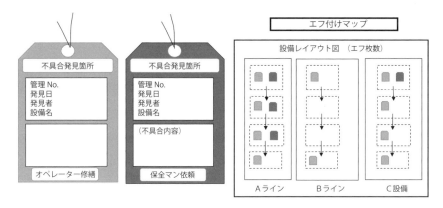

図2-19 不具合一覧表（エフ付け箇所）

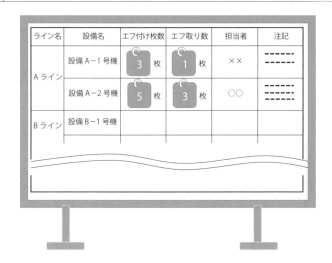

を観察し、不具合を見つけてエフ付け、②設備稼働した後に停止させ、安全を確認後に設備停止時と同様に不具合を見つけてエフ付け、を行います。

エフ付け後、一覧表を作成して枚数や注記を記述して管理します（図2-19）。エフ付け・エフ取り数のグラフ、エフ付けマップも作成しましょう。

要点 ノート

設備が発生源となる品質不良があります。その場合は故障も含めて設備の不具合を顕在化し、見える化して対策に臨みます。エフ付け・エフ取り活動はその基本となる取り組みです。

【3 不良の見える化、オモテ化、決め事

ヒューマンエラー

❶ヒューマンエラーの発生原因による区分

　品質不良の原因の1つにヒューマンエラーがあります。ヒューマンエラーとは人為的過誤や失敗のことを言い、JISでは「意図しない結果を生じる人間の行為」と規定しています。ヒューマンエラーには多くの種類があります（図2-20）。発生原因で区分すると、過失と意図的の2つに分かれます。過失はスリップ（Slip）とラプス（Lapse）があります。

　スリップは、動作目的は正しいものの動作が間違っている場合です。また、スキル不足で習熟していないエラーもスリップです。一方、ラプスは物忘れやうっかり忘れ、一時的な記憶間違いなどで、これもスリップと同様に目的は正しくても行為が誤った場合のエラーです。

　次に、意図的なものとしてミステイクがあります。意図的に誤った行動をして、エラーを起こした場合を言います。交差点では横断歩道を渡ると決められているのに、横断歩道を渡らず事故に遭った場合です。決められた手順で作業をしなければならないのに、勝手に手順を省略して不良品をつくったなどです。これは故意に不良品をつくろうというのでなく、故意に手順を省略した場合を言います。故意に不良品をつくった場合はエラーに当たりません。

❷ヒューマンエラーの人的要因による区分

　次に、人的要因で見ると3つに区分されます。動作までの順序は「認知」→「判断」→「行動」の順で、この3つの要因を言います（図2-21）。

　認知段階では、「知らない」と「理解していない」があります。この対策には学習をさせることが大事です。正しく理解させて確認をします。誤った理解の場合は、正しく理解させることが必要です。具体的には、見落としを防ぐための指差し確認や見間違いを防ぐ読み合わせ、聞き間違いを防ぐ復唱、または文書で伝達し、ルールをマニュアル化して教育を徹底するなどです。

　判断段階では、正しい認識をしても判断を誤る場合です。判断基準がなかったり不明確だったりします。そこで、判断基準を見直すことが必要です。具体的には、正しい操作内容の教育やマニュアルなど判断基準の明確化、作業手順の簡略化、複数のチェックポイント設定などです。

図 2-20 ヒューマンエラーの種類

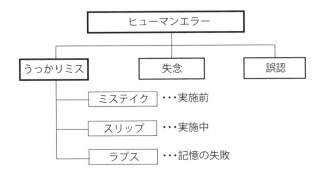

図 2-21 ヒューマンエラー対策（人的要因）

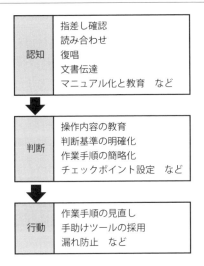

　行動段階での誤りは、認識や判断が正しくても誤った行動でエラーを起こす場合です。行動の誤りは、前述のスリップや故意によるエラーも含みます。また、能力不足の場合も含むため、能力を向上する教育や訓練を行います。具体的には、作業手順の見直しやミスしやすい作業を手助けするツールを用い、ToDoリストなどを活用して漏れを防ぎ、冷静に着実に実施して確認します。

> **要点 ノート**
> ヒューマンエラーの種類と要因を理解した上で、それぞれの課題に対する対策を実施することで漏れが回避できます。具体的には人的要因の認知判断、行動の各ステップでの対策が重要です。

【3】不良の見える化、オモテ化、決め事

ポカヨケ

　米国には、To-Err is Human（人は誰でも間違える）という言葉があります。しかし、間違えることで仕事がうまくいかなくなります。特に工場では、ポカミスは不良品の発生要因の1つです。これを防ぐ手立てとして、ポカヨケがあります。ポカヨケとは「ポカ」（不良）を「ヨケ」（回避）することを意味し、そのための簡易的・物的仕掛けを言う場合が多いです（図2-22）。

❶ポカを生む行動のステップ
　ポカを生む行動を分析すると、ある目的を持った動作をするときは「情報の探索・認知」→「検知情報の判断」→「動作行動」というステップを経過します。ポカヨケ対策は、このステップごとに対応するよう検討します。
　情報の探索・認知についてのポカヨケとして、見やすい大型の生産指示ビラや電光表示などがあります。検知情報の判断についてのポカヨケは、色別表示や文字でなく絵表示などが挙げられます。一見して正しい判断が容易にできる仕掛けです。これをラベルや札、シールに活用します。男女別トイレの絵や、文字ではiと1は見間違えやすいため大文字のIとLを使う、などです。
　動作についてのポカヨケは、間違った部品は組付ができない形状にしたり、加工時に誤った向きに材料をセットできない金型形状にしたりするなどです。

❷品質不良を回避するポカヨケ
　品質不良の主な機能別ポカヨケには、①長さや厚さなど寸法異常を回避する長さポカヨケや②重量の過大・過少を見極める重さポカヨケ、③穴や切り欠き、突起の有無を確認する形状ポカヨケ、④規定数量の過大過少をチェックする数量ポカヨケが代表的です（表2-6）。ほかにも⑤温度や電圧など物理量の条件未達を見る範囲ポカヨケ、⑥誤品組付や組付漏れを防ぐ組合せポカヨケ、⑦作業順序誤りや工程飛ばしを回避する手順ポカヨケ、⑧他作業者・設備との連動ミスを防ぐ連動動作ポカヨケなどがあります。

❸ポカヨケの運用
　ポカヨケの胆は、アイデアを重視して簡単な治具の工夫により、短期間かつ安価で製作することです。アイデア出しや製作は、現場作業者や保全マンのグループで進めると良いものができます。現場や倉庫を整理してポカヨケコー

図 2-22 ポカヨケの例

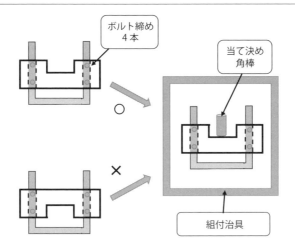

表 2-6 機能別ポカヨケの表

番号	種類	内容
①	長さポカヨケ	長さ厚さなど寸法の異常
②	重さポカヨケ	重量の過大、過少
③	形状ポカヨケ	穴有無、切り欠き有無、突起有無
④	数量ポカヨケ	規定数量の過大過少
⑤	範囲ポカヨケ	温度・電圧などの物理量などの条件範囲の未達
⑥	組合せポカヨケ	誤品組付、組付漏れなど
⑦	手順ポカヨケ	作業順序誤り、工程飛ばし
⑧	連動動作ポカヨケ	他作業者や設備との連動動作の誤り

ナーを設置し、製作用工具や測定器、材料などを準備します。初めはダンボールなどで試作し、確認して順次金属材料で制作します。一度制作したポカヨケも、さらに使いやすく破損し難いように改善を加えるのです。

これらのポカヨケを整理して標準化します。新しいラインの立ち上げや改造時に、この標準化シートをノウハウ集として活用します。この積み重ねが品質意識を高め、原価改善に有益なアイデアを自発的に出すことにつながります。

> **要点 ノート**
> 動作の起点となる認知・判断・結果の経過を分析し、それぞれに対してポカヨケを実施します。ポカヨケを機能別に整理するとわかりやすくなります。ポカヨケの実践は技能スキルの向上にとどまらず、職場活性化に寄与します。

【3】不良の見える化、オモテ化、決め事

作業標準と標準作業

❶作業標準の仕様
　作業者の誰が作業を行っても、品質や時間、負担度などが安定して行える作業方法を示したものです。具体的には作業手順書や作業要領書、作業上の勘所を示したワンポイントレクチャーシートなどを指します。
　作業手順書は、工程ごとの作業手順を記述します。手順の説明に必要な工具や道具、治具、設備操作盤の操作スイッチの配置などの図や写真をつけます。作業要領書には、素材の持ち方や工具の把持位置、位置決め方法など作業の重要ポイントや作業のしやすさ、不良発生のしにくさを考慮した作業姿勢も含めます。ワンポイントレクチャーシートには不良、疲労、安全などの視点で、作業の急所を主に絵や写真を中心に一点一様に記述します。

❷作業標準のメリット
　作業標準を導入する有用性は、作業方法がばらついて品質トラブルが発生したり、標準時間が不安定でリードタイムが長引いたりすることの回避や、より良い作業へ改善する際の基準とすることです。ほかにもノウハウの標準化や製造ノウハウの蓄積、不良品の顧客への流出防止、顧客が要求する品質保証文書への対応に効果があります。

❸標準作業の3要素
　トヨタでは標準作業の3要素を、作業順序・タクトタイム・標準手持ちとしています。作業順序は作業の順番を示すことですが、作業のやりやすさや作業時の持ち替え、姿勢、時間などを考慮して設定するものです。材料の位置決めや治具の設置などもポイントになります。
　タクトタイムは1日当たりの予定稼働時間を生産数で割った数字で、1個当たりの作業時間を言います。これで工程数や作業人員を決めます。標準手持ちは工程順に作業する場合は不要ですが、逆回りのときは前工程が終了している中間品が1つ必要で、そのことを言います。

❹標準作業の3点セット
　標準作業組合せ票、標準作業表（動線図）、工程別能力表を標準作業の3点セットと呼んでいます（表2-7）。標準作業組合せ票は、1人の作業者のサイク

第2章 全員を巻き込む活動の前準備と道具立て

表 2-7 | 工程別能力表・標準作業表（動線図）標準作業組合せ票

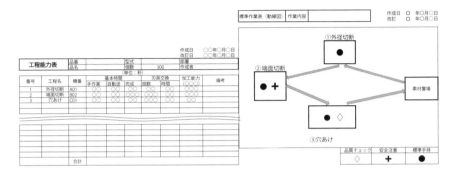

リックな作業を要素作業レベルで作業順に記載し、各作業へ移るための歩行時間と作業時間を別々に記録します。各作業時間を横軸のグラフに実線で記入し、自動送り機械は点線で、タクトタイムは赤線で縦に記載していきます。サイクリックな作業の合計がタクトタイム内になるよう、歩行を中心に改善を行うものです。

標準作業表は、作業者の実歩行の動きを記載したものです。品質重要工程、安全工程、標準手持ち工程も記します。工程別能力表は、設備の工程別段取りなどを含めた運転時間を記録し、バランスをとるなどの改善を実施します。

要点 ノート

作業標準は、作業内容や勘所などを各作業別に記録したものです。標準作業は現状行っている作業を細かく分析し、秒単位で時間記録して歩行率なども計算し（表（おもて）標準と言います）、改善を行うことに用います。

【3】不良の見える化、オモテ化、決め事

品質保証の要、QC工程表

❶ QC工程表の定義

　日本品質管理学会は、QC工程表を「製品・サービスの生産・提供に関する一連のプロセスを図表に表し、この流れに沿ってプロセスの各段階で、誰が、いつ、どこで、何を、どう管理すべきかをまとめたもの」と定義しています。素材の調達から加工や組立を経て販売までの各工程フローに基づき、工程記号や各工程番号と工程名、管理項目、品質特性および規格基準、それを判定する検査方法、関連規定類などで構成された一覧表です（表2-8、2-9）。

　品質を確保するために各製造工程で守るべき条件、たとえば切削工程では切削速度や送り速度、切削油などの加工条件や作業手順などを記した作業標準書がつくられ、併用されます。

❷ QC工程表の活用

　最も基本的なことは不良を出さないこと、不良を流出させないことです。不良を出さないための基準を決め、内容を理解して遵守します。不良を流出させないために、基準の見直しと教育訓練を実施するのです。

　具体的には、不良が発生した際の不良内容の確認のほか、検査方法（サンプリング回数などの状況、検査治具、限度見本、検査具など）や検査データなどの基礎資料として、また品質特性に影響を及ぼす管理特性（設備加工条件、作業方法、素材条件など）への確認として活用します。

　新人作業者への教育では、特に品質特性の教材に利用します。品質確保のための作業標準も併せて用い、社内品質方針の中核として整備します。設計・製造品質の一貫性を保ち、調達先や顧客に取り組み姿勢を訴える資料とします。

❸ QC工程表の作成手順

　以下の項目を明確化しながら作成します。
　○作業の流れを全体に明確化しながらフローチャートを作成
　○フローチャートを見ながら作業工程名を明確化
　○各工程別に保証する管理項目を明確化
　○各工程の点検チェック項目を明確化
　○流出防止のため検査工程での検査項目を明確化

表 2-8 工程記号

記号	名称	意味
◯ (大)	加工	原料、材料、部品または製品の形状、性質に変化を与える過程を表す
◯ (小)	運搬	原料、材料、部品または製品の位置に変化を与える過程を表す
□	数量検査	原料、材料、部品または製品の量、または個数を測り、その結果を基準と比較して差異を知る過程を表す
◇	品質検査	原料、材料、部品または製品の品質特性を試験し、その結果を基準と比較して、ロットの合格・不合格、個品の良・不良を判定する過程を表す
▽	貯蔵	原料、材料、部品または製品を計画により蓄えている過程を表す
D	滞留	原料、材料、部品または製品が計画に反して滞っている状態を表す

表 2-9 QC 工程表例

品名		ライン名		作成部署		作成年月日		検印
品番		区分		QC 工程表	管理部署		実施年月日		
仕様		特記事項			管理番号		連番		

工程			管理点						管理（検査）方法				
製造部署	製品・材料名	工程名	要因名	点検項目	製造条件	管理項目	検出工程	異常判定基準	頻度	その他	サンプリング法	測定方法	計測器精度	管理図No	処置方法

○各工程の検査実施方法（回数など）を明確化
○異常処置のやり方や連絡先などを明確化

要点 ノート

QC 工程表は、「不良品をつくらない」「不良品を流さない」ための最も基本的なツールです。確実な内容を作成すると同時に、運用中も随時見直しを図るべきものです。

3 不良の見える化、オモテ化、決め事

品質機能展開（QFD）

❶品質機能展開の定義

　品質機能展開（QFD：quality function deployment）とは、顧客に満足してもらえる商品やサービスを提供するために、どのような機能を備えていなければならないかを明確にする方法です。顧客が要求する品質を実現するには、設計的に何を達成すべきかを明確にします（**図2-23**）。そのために、顧客が要求する品質とそれを達成する機能を2元表で表したものを言うことが多いです。顧客の要求は販売店での要求事項やアンケート結果、クレーム情報などです。

　JIS Q 9025「マネジメントシステムのパフォーマンス改善−品質機能展開の指針」では、品質機能展開の定義を「製品に対する品質目標を実現するために、さまざまな変換および展開を用いる方法論」としています。品質・技術・コスト・信頼性・業務機能の各展開を含みます。

❷品質機能展開の構造

　核となるのが要求品質展開表と品質表です。要求品質展開表は顧客からの潜在化した要求事項や、アンケート・クレームなどの要求事項を親和図などでグループ化し、さらに具体的に階層構造化します。3次階層が一般的です。一方、品質表は縦軸の顧客ニーズを展開した要求品質展開と、横軸の品質特性展開で構成する二元表で、これにそれぞれ重要度と目標値を加えます（**表2-10**）。

❸品質機能展開の作り方

①要求品質展開表

　顧客の生の声を要求品質にまとめ上げるには、「いつ」「どこで」「何が」「どのように」なると良いとか、「どのように」なるので都合が悪いというように、5W1Hで表現するとまとめやすくなります。

②品質表

　上述した要求品質と、たとえば寸法や処理時間など物理的特性を示した品質特性との2元表（マトリックス表）に表し、その関係を5段階で評価します。

❹品質機能展開の実施

　一般的な進め方は以下の流れとなります。

図 2-23　品質機能展開の流れ

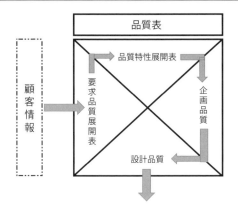

表 2-10　品質表例

要求品質展開表 \ 品質特性展開表		1次	操作性		形状寸法		質量	
		2次						
1次	2次							
使いたい	面白い							
	会話可能		○					
	体感可能				○			
	デザイン良好			○				○
長く楽しむ	多人数で楽しむ		○			○		
	‥							

①顧客の要求品質を集約して階層構造にまとめる
②顧客要求に対応するため、技術的な品質特性を考慮してまとめる
③①と②のマトリックス図において、他社も考慮しながら重点を絞り込む
④製品の品質を企画（企画品質）して設定
⑤企画品質を実現するための設計（設計品質）をどのようにするか明確化

> **要点 / ノート**
>
> 顧客ニーズを顕在化し、新商品やサービスに活かすための理論的かつ有力な手法が品質機能展開です。水野滋、赤尾洋二両博士が企業活動などに適用し、定着した手法と言えます。

4 品質改善を加速させる体制

DR（デザインレビュー）

❶ DRの定義

　DR（Design Review：デザインレビュー）とは、「製品の設計品質を具現するために計画された製造、輸送、据付け、使用、保全プロセスで、客観的知識を集めて評価し、改善点を提案して次段階に進められる組織体系」を表すと、日本科学技術連盟では規定しています。またJIS規格では「設計審査（デザインレビュー）」であり、「アイテムの設計段階での性能や機能、信頼性を、価格や納期などを考慮しながら審査し、改善を図ること」と定義しています。

　新製品開発におけるDRは、DR1（製品企画審査）、DR2（試作品質確認審査）、DR3（量産機設計審査）、DR4（量産機設計審査）、DR5（生産準備審査）、DR6（製造品質確認審査）、DR7（販売準備審査）、DR8（初期生産審査）、DR9（顧客満足度審査）の9段階を経て実施します（図2-24）。

❷ DRの実施方法

　DRは各段階での関係部門の代表者が参加します。部門を代表して意見し、提案する責任と権限を持っています。各段階で現状のまま推進してよいか、次の段階に進めて良いか、また問題点は何か、変更が必要か、どのように変更するかを議論して決めます。さらに、DRの内容や結果を記録に残し、参加者以外の人にも周知することと、次回の新製品開発活動に反映させます。

❸ DR実施上の問題点

　DR実施の効果が見られず、特に実施後次段階に進んでから不具合が発生するなど、手戻りが多く発生する場合があります。主な原因としてDRが形骸化している点が挙げられ、具体的には以下の事由が考えられます（表2-11）。

　　○DRがセレモニー化している
　　○議論がその場の気分や一方的な考えで、包括的で本質的な議論にならない
　　○内容をよく理解していない代理出席者の場合がある
　　○DRによる通過基準が不明確
　　○納期が守れないという理由で、問題点があるにもかかわらず通過させる
　これらに対しては、以下の対策を検討します。
　　○DRの主催者と報告者を分ける

第 2 章　全員を巻き込む活動の前準備と道具立て

図 2-24　DR の主要なステップ

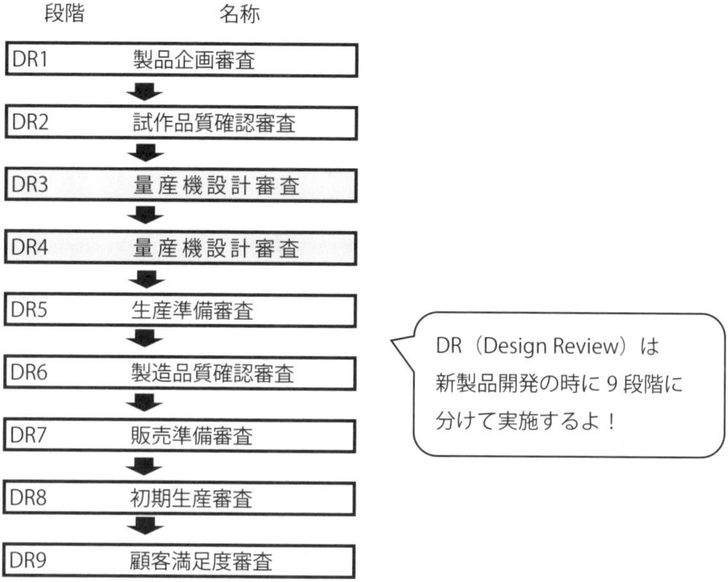

段階	名称
DR1	製品企画審査
DR2	試作品質確認審査
DR3	量産機設計審査
DR4	量産機設計審査
DR5	生産準備審査
DR6	製造品質確認審査
DR7	販売準備審査
DR8	初期生産審査
DR9	顧客満足度審査

> DR（Design Review）は新製品開発の時に 9 段階に分けて実施するよ！

表 2-11　DR 実施上の問題点一覧表

番号	問題点	対応法
①	DR のセレモニー化、形骸化	DR の主催者と報告者の分離 通過させる項目とその基準の明確化 ミニ DR を設けて小さなサイクルを回す など
②	包括的かつ本質的とならない議論	
③	代理出席者が内容をよく理解していない	
④	DR による通過基準が不明確	
⑤	納期優先で、問題点を放置し通過させる	

○通過すべき項目と基準を明確にしておく
○関係者の負荷を少なくするためにミニ DR を設け、小さなサイクルを回す

要点 ノート

DR は、新製品開発の各ステップにおいて関係者から問題点を指摘を受け、それを解決することにより、市場や後工程からの不具合を未然に防止するものです。活動が形骸化しないよう留意しましょう。

4 品質改善を加速させる体制

トヨタのGD³とCOACH

❶GD³の内容
GD³（GDキューブ）は、トヨタ自動車出身の吉村達彦氏が考案した信頼性手法です。以下の3つの要素で構成されています。
①良い設計：Good Design
　問題の少ない設計を行い、その中の問題の芽を探します。問題が発生しやすい箇所は変更や環境が変化した部分に生じやすく、変更点や変化点を見える化します。さらに、時間・組織・人的な不連続や接続部への留意が必要です。
②良い討議：Good Discussion
　設計者が集中して仕上げた図面を関係者の客観的視点で見直し、問題を顕在化します。FMEAに変更点や変化点に工夫を加えたDRBFM（Design Review Based on. Failure Mode）を用い、問題を発見しやすくします（図2-25）。
③良いDR：Good Design Review
　開発における問題の顕在化について、最後に実験で確認します。実験を周囲から集中して観察します。ここでのDR手法はDRBTR（Design Review Based on Test Result）と言います（図2-26）。

❷創造性を発揮するCOACH
　問題点を見つけて改善するためにはCOACHが必要です。そして、COACHの姿勢で問題を見えるようにして、「Find（見つける）→Plan（計画する）→Do（実行する）→See（確認する）」のサイクルを速く回します。これにより目標を達成し、創造性が養われるとしています。これは人間の知恵を持って見つけることで、自動的にコントロールするのとは異なり、トヨタ生産方式の2本柱の1つである「自働化」に通じます。COACHとは以下の意味です。
　　○C＝Concentrating：集中する　　○O＝Objective：客観的に見る
　　○A＝and　　○CH＝Challenging：良いイメージを持って諦めない

❸APATマネジメント
　APATとはAll the People ,All the Timeの頭文字からなり、問題解決に「全従業員が自律的に徹底的に取り組む」という意味です。運営は、仕組みや段取りと責任体制・ルール、意識の3要素が必要で、バランスも重視されます。

第2章　全員を巻き込む活動の前準備と道具立て

図 2-25　DRBFM ワークシート GD³ の位置づけ

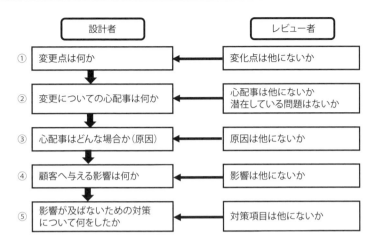

図 2-26　DRBTR ワークシート

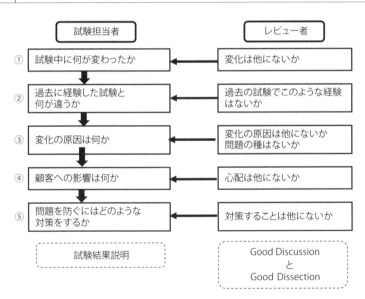

要点　ノート

主に新製品開発時の問題点を見つけるために、GD³ の考え方は非常に有効です。そのためには COACH の姿勢で取り組み、FPDS の改善サイクルを速く回すようにしましょう。

4 品質改善を加速させる体制

初期流動管理体制

❶初期流動管理の重要性
　新製品を市場に投入するプロジェクトで、新ラインをつくるなどプロジェクトを推進します。この場合、設備を設計・製作して現場に据え付けた後、いかに短期間で当初計画した生産性を確保するか、いかに設備を垂直に立ち上げるかが重要になります（図2-27）。この立ち上げ期間の管理を初期流動管理と言います。立ち上げの効率性もありますが、新商品を市場に最適タイミングで投入し、競合相手との優位性を図らなければなりません。

❷初期流動管理の実施方法
①初期流動管理の目標値の再確認
　主な評価指標は、製品不良・設備不具合・不安全作業件数や初期管理投入工数、垂直立ち上げ日数、目標生産数達成率などで、推移をグラフ表示します。

②初期流動管理の推進組織設定と内容
　新製品プロジェクト組織で初期流動管理の主管部署を設定します。設備が設計・製作され、工場に運搬されて据付調整されます。その後、生産技術部署が設備の外観検査や精度検査、動的検査、負荷試験、耐久試験を行います（図2-28）。各試験方法や試験材料、治具・型などの準備と具体的基準値を示したチェックリストを事前に示し、検査や試験結果から不具合が見つかれば、対策方法と日程、責任者を決めてフォローします。

　設備の問題対策のため、実施した項目を図面に反映します。特に電気回路図については、他設備との信号授受や追加回路などを現地設備と図面双方で確認します。設備単体はもとより複数設備からなるライン構成も同様に行います。

　設備性能面のほか作業安全・作業負担度、公害や作業環境面についてもチェックし、図面とともに各種保全用予備品を確認します。またオペレーターに対し、操作教育や安全教育を行います。保全マンに対しては、設備点検や故障解析の教育に加え、新機構や新システムについても事前教育を行います。設備企画・設備仕様決定からここまでは一般的に生産技術部門が担当します。

　次に量産試作に入ります。ここからは生産を担当する製造部門が主導し、日々の生産上の問題を摘出して生産技術部にフィードバックします。現場での

図 2-27 　垂直立ち上げのイメージ

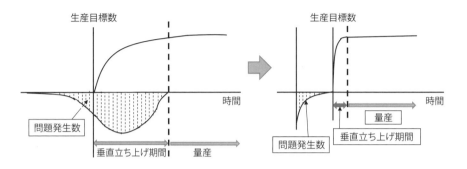

図 2-28 　初期流動管理における検査

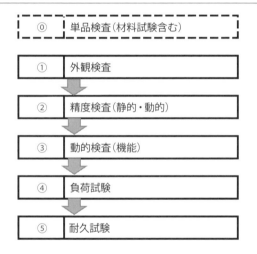

毎日の問題対策会議で、不良や破損した設備部品などの現物を示し、また不完全な作業状況のビデオを披露して不具合の真因を顕在化しやすくします。

③次期プロジェクトへの反映

初期流動管理の目標値と実績を振り返り、次期プロジェクトに反映するため具体的改善項目を明確にします。

> **要点　ノート**
>
> 初期流動管理は、設備のインテグレーションの力が素直に表れると言われています。したがって、設備技術力などを前提としたマネジメント能力を高めることが重要です。

【4】品質改善を加速させる体制

測定器の校正

❶寸法不良測定器を校正する意図

　JISの測定用語では、「計器は測定系の示す値、もしくは実量器または標準物質の表す値と、標準によって実現される値との間の関係を確定する一連の作業（備考：校正には計器を調整して誤差を修正することは含まない）」と定義しています。また計量法では、「その計量器の表示する量と、国家標準と指定している装置（特定標準器や特定2次標準器）の標準となる量との差を測定すること」としています（図2-29）。

　温度計や圧力計、ノギスなどの測定器は、使用を繰り返すと摩耗などにより劣化し、測定精度が落ちてきます。また、室温や雰囲気などの測定環境が不適切な場合にも、測定器の劣化を早めます。測定器の精度劣化は品質確保に重要な影響を与えます。このため測定器の示す値と基準器（国際標準、国家標準など）の示す値の差（器差）を求め、目盛り値の器差をグラフに表した校正曲線を作成します。このグラフから正しい測定値を求めることになります。基準値を測定器の指示値で割った値を補正係数と言います。

❷校正周期とタイミング

　校正周期は測定器の管理部署が設定しますが、測定器メーカーによる推奨は1年が多いようです。校正の目的は測定器で測定したデータが正しいか確認することにあり、測定前に校正を行えば良いことになります。現場の量産ラインなどで使われる測定器では測定器を廃棄する前にも校正し、それまで測定したデータの保証をする必要があります。

　測定器が破損した場合は、以前に測定したデータの保証ができなくなります。そのような場合は、校正時期の異なる他の同一測定器の測定値と比較するか、チェック用標準試料を測定して確認する中間チェックも実用的です。

❸校正の実施部署

　校正は、自社で行うことも外部に依頼することも可能です。自社実施のメリットは、測定器の校正に関する技術ノウハウが蓄積できることで、品質管理に対しての知見が高まります。その場合、校正場所の温度や湿度、雰囲気など環境整備、校正用各種機器準備、校正技術者の継続的育成などを行います。

図 2-29 | 国家計量標準とつながり

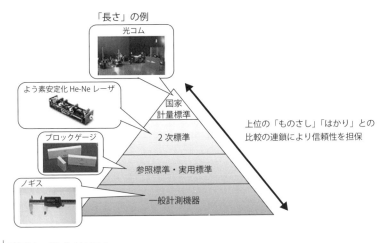

図 2-30 | 計量法に基づく校正のフロー

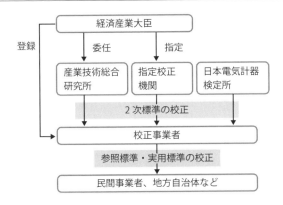

　外部に依頼する場合は、まず校正を要する測定器の一覧表（校正周期、設置場所、使用目的などを記載）を作成しておかねばなりません。また、依頼先から校正3点セットと言われる「校正証明書」「基準器の校正書」「トレーサビリティ体系図」を受け取ります。これによって、その校正値は国家標準にトレーサブルである（信頼性が確保される）ことがわかります（図2-30）。

要点 ノート

品質を判断する測定データは重要ですが、データをつくり出す測定器も同様に重要です。測定器の機能維持とともに、それを確認する校正制度を維持確立することはさらに重要と言えます。

コラム

● トヨタグループの原点、豊田佐吉の展示館 ●

　豊田佐吉氏に関して展示している博物館がいくつかあります。その目的や内容は異なっていますが、佐吉氏の生涯の偉業を知ることができます。

①トヨタ産業技術記念館

　旧豊田紡織本社工場（豊田自動織機の旧栄生工場）跡地に、赤レンガづくりの建物を産業遺産として保存活用をしてつくられました。近代産業としての繊維機械と、現代の自動車技術の進展を展示しています。特徴として、展示物の一部は動かすことができる動態展示となっています。繊維機械館と自動車館に大きく分かれています。その他、金属加工コーナーや自動車生産技術、トヨタ生産方式コーナーもあります。

②豊田佐吉記念館

　豊田佐吉氏の生誕120年を記念して、生誕の地である静岡県湖西市に建てられました。ここには豊田佐吉氏の生家や各種資料や織機の展示館、両親のためにつくった母屋や繊維機械の研究・試作などを行った納屋などがあります。ここにトヨタ発祥のDNAが感じられます。毎年の生誕祭には、トヨタの関係者や近隣にある自動車メーカーのスズキのトップも出席します。また、佐吉氏が創設した豊田自動織機のOB会は毎年バスを仕立てて訪問し、気持ちを新たにしています。

③トヨタ鞍ヶ池記念館

　トヨタ車の累計生産台数が1,000万台を達成した記念として設けられました。ここにはトヨタ創業展示室があり、豊田喜一郎氏や仲間たちの創業当時のチャレンジ精神やトヨタグループのモノづくり精神が凝縮されています。木鉄混成動力織機やトヨダAA型乗用車の現物、また創業時や挙母工場のジオラマが展示してあります。敷地内の一角には喜一郎氏の別荘が移築されています。

豊田佐吉氏が発明した環状織機
（トヨタ産業技術記念館）

【 第3章 】
品質改善活動を徹底するカギとツール

【1】品質改善活動の胆

品質改善活動板の使い方

　会社の品質方針を受け、現状の品質上の問題点を明らかにして、どのように解決していくかを品質改善活動板で明確にします。工場現場における品質問題を全員で共有し、各組織単位で切磋琢磨してスキルアップを図ります。会社全体用、各工場用、課別用などがあります（**図3-1**）。

❶活動板に表示する内容

　活動板に掲示する主な内容は、①会社の品質方針、②各工場の品質目標、③活動組織、④課題、⑤活動計画、⑥活動結果、⑦反省と今後の進め方、です。特に数値や図表、グラフを多用し、ひと目でわかるように工夫します。

　具体的には、クレーム件数の推移グラフや完成検査不良件数推移グラフ、不良内容別件数グラフ、再発防止実施件数、品質改善ワンポイントレッスンシート作成件数、品質改善提案件数、ポカヨケ設置件数、品質改善講習受講者数などです。各課・係・班を対象にした活動板は、全社の活動を統括する品質改善活動事務局の指示に従い、それぞれのメンバーで作成して実施します。

❷活動板の設置場所

　工場全体を示す活動板は、月1度の全体朝礼などを行う場など、全員が集まることができる広場に設置される例が多いです。出勤時や昼休み、帰宅時に誰もが気軽に見られる場所を選びます。食堂に設置したり、建屋の通路をうまく活用したりすることもあります。

　活動板の内容をわかりやすく知らせるため、改善に使われた現物を活動板前面に展示することも行われます。ダンボールを裁断してガムテープでつなぎ、改善模型を作成することも活動の臨場感を高めます。

❸活動板の運用

　年に2回程度、トップが工場を点検する際にこのような活動板を用い、品質活動を報告します。月1度の朝礼時には、品質改善の発表や品質に関する全体推進経過報告を行います。他工場の品質改善グループや他の改善プロジェクトのメンバーにも加わってもらい、意見交換する場をつくるのも活動活性化に有効です（**表3-1**）。

　TPMを推進する日本プラントメンテナンス協会では、活動板をワンポイ

図 3-1 品質活動板の例

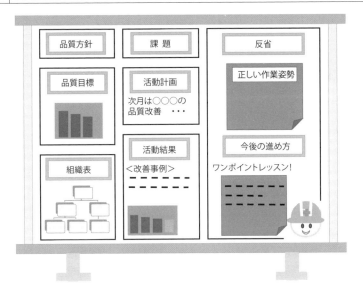

表 3-1 活動板の活用

No.	活用イベント	頻度	対象	説明
1	トップ診断	2回/年	社長・役員	・会社方針、品質方針の進捗
2	部・課 月例報告	1回/月	部長・課長	・部・課レベルの品質方針の進捗 ・品質教育実施状況の報告
3	係別・グループ別 朝礼	1回/週	係長	・係レベルの品質方針報告 ・品質改善事例の報告
4	品質 朝市・夕市	1回/日	グループ リーダー	・日々の不良発生状況報告 ・個人レベルの品質目標

トレッスン、ミーティングと合わせて「3種の神器」としており、現場改善の中核として位置づけています。

> **要点 ノート**
>
> 品質改善活動板は、全社の活動展開を見える化し、会社の品質方針と現場の問題をつなぐ役目を担っています。品質向上に関わる活動の方向性も含め、全社で取り組むベクトルを合わせる働きを持っています。

【1】品質改善活動の胆

小集団活動とテーマの選定

　工場の品質改善に、小集団活動は大きな働きをしています。小集団活動は、現場作業を行う作業者を中心にした1つのまとまりのあるグループで、グループ内の品質問題などをテーマに取り上げ、改善に取り組みます（図3-2）。品質を中心とした活動であるQCサークル、設備を中心としたPM活動における自主保全活動、トヨタ生産方式を中心とした自主研活動などがあります。

❶小集団の構成要員

　小集団ごとの班リーダー、サブリーダー、書記などを置きます。また、活動テーマ別にリーダーを替えると、リーダーの育成に効果的です。改善テーマや担当者、スケジュールなどをグループ内で決め、自主的に運営します。このとき、テーマに関連した他部署の人たちが加わることもあります（図3-3）。

　会社の品質方針に沿った活動になるため、現場作業者が経営に参画する側面もあると考えられ、働き甲斐につながることも期待できます。問題解決に向けてディスカッションすることでメンバー間の相互啓発が進み、チームワークの向上やリーダーシップ力の醸成に役立ち、ひいては生産性向上を実現します。

❷小集団活動の運営ポイント

　活動のフローはまず組織づくりから始め、メンバーの決定とテーマ選定、改善活動、活動結果まとめ、そして次回の取り組み目標の策定という順をたどります。テーマ選定と同時に、目標値と期限を必ず明確にしておきます。

　テーマの案出しは必ずメンバー全員参加で行い、案の質は問わずに量を出すように心がけましょう。板書したり付箋紙に書いて用紙に張りつけたり、全員で話し合いながら案出しすると意外な案が出てきます。テーマ案を列挙するきっかけとして、以下をもとに考えてみます。

①日常の苦労内容項目
②改善したい、改善してほしい事項
③やり直し、書き直しが多い事項
④事故、故障、災害につながる事項
⑤前回比、前月比、前年比で悪化した事項
⑥保留、懸案事項

第3章 品質改善活動を徹底するカギとツール

図 3-2 | 小集団活動の基本

- 目的：活動を通じて個人としての能力開発を行い、プロ意識を育成！
- 運営：日常業務の一環として管理者の指導の下に 5〜6 人で活動！
- 小集団活動の計画管理→計画・実施・評価・改善
- QC 手法、IE 技法活用→QC7 つ道具を学び、活動に活かす！
- 自主活動→メンバーが自ら選んだテーマ！

図 3-3 | 小集団活動推進組織・小集団活動のステップ

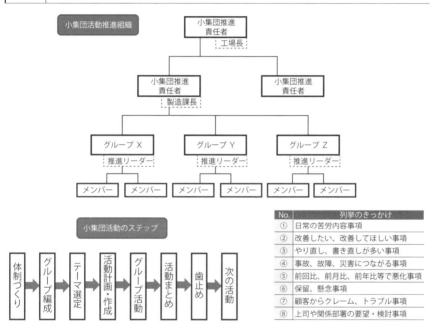

⑦顧客からクレーム、トラブル事項
⑧上司や関係部署の要望・検討事項

次に、列挙したテーマ案から「緊急度」「重要度」「解決可能度」「取り組み容易度」「上位方針との関連度」の視点で絞り込んでいきます。各テーマをそれぞれランクづけするのも良い手段です。

要点 ノート

実効ある品質改善活動を進めるには、現場の視点を重視した小集団活動の活性化が重要です。特にテーマの選定で戸惑うことが多いようですが、メンバー間で対話を深めることが成功のカギを握っています。

1 品質改善活動の胆

アイデア発想法で活性化

　品質改善に限らず、ビジネスにおいて新しいアイデア発想は必要です。多くのアイデア発想法がありますが、最も知られたものに文化人類学者の川喜田二郎氏が提唱したKJ法があります。グループによるブレーンストーミングと合わせて行うと、良い成果が得られると期待されている手法です。

❶ブレーンストーミング

　アレックス・オズボーン氏により考案されたブレーンストーミングは、メンバーの異なった視点によるディスカッションから問題・課題解決のアイデアが出るようにします。これには、①批判をしない、②発言は自由にする、③質より量、④各アイデアをつなぐ、という4つのルールがあります。効果的に進めるには、①5～8人程度で異分野から多面的なメンバー構成とする、②目的を明確にする、③実施時間を決めて守る、ことを重視します。

　KJ法は、①司会・書記を決める、②ホワイトボードや小型のカードを準備して配布、③挙手制の採用などディスカッションの実施、④アイデアをカードやホワイトボードに記入する、⑤類似したアイデアをグルーピングし、名札をつける（図3-4）、⑥グルーピング間の関連づけを行う、⑦緊急性、重要性、可能性などで順位づけして決定する、という順で進められます。

❷マインドマップ

　アイデア発想法の1つであるマインドマップは、イギリス人のトニー・ブザンが考案しました。マインドマップは、私たちの頭の中の連想を1つの樹状の絵として表現します。この樹状の絵を作成するプロセスがアイデア発想につながります。中心には、主題として検討したいテーマなどを記します。

　主題から放射状に広がる樹状の各枝はブランチと言い、中心に近い第1階層のメインブランチは太く書きます。順次階層が増えるごとに細い枝（サブブランチ）につながります。ブランチは緩やかな曲線で記述し、ブランチ上に連想単語を記して、最後に全体を俯瞰します。これにより、個別では見えていなかったことが見える場合があります。

❸TRIZ法

　TRIZ法はロシアのアルトシュラーにより、提案されたアイデア発想法で

図 3-4 | アイデアカードのグルーピングと相互関連（KJ法）

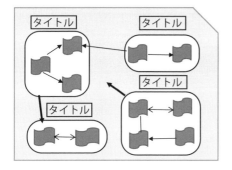

すべてのグループ（大グループ）について、どれが重要と思うか、各自最高5点から1点の順で点数をつける（6番目以降は点数をつけなくてよい）

表 3-2 | 40の特許によるアイデア発想原理（TRIZ法）

No.	アイデア発想のきっかけ　40項目		No.	アイデア発想のきっかけ　40項目	
1	分割原理	分割したら	23	フィードバック原理	基準値に戻したら
2	分離原理	分離したら	24	仲介原理	仲介したら
3	局所性質原理	一部を変更したら	25	セルフサービス原理	自分で行わないようにしたら
4	非対称原理	非対称にしたら	26	代替原理	コピーしたら
5	組合せ原理	2つ以上を合わせたら	27	高価な長寿命より安価な短寿命原理	安くてすぐにダメになるものをつくったら
6	汎用性原理	他でも使えるようにしたら	28	機械的システム代替原理	別のシステムを使ったら
7	入れ子原理	中に入れたら	29	流体利用原理	流体を使ったら（に変更したら）
8	つり合い原理	バランスを良くしたら	30	薄膜利用原理	薄い膜を利用したら
9	先取り反作用原理	先に反動をつけたら	31	多孔質利用原理	隙間を利用したら
10	先取り作用原理	先に予想したら	32	変色利用原理	色を変えたら
11	事前保護原理	重要なところを保護したら	33	均質性原理	質を統一したら
12	等ポテンシャル原理	同じ高さにしたら	34	排除・再生原理	排除したら、再生させたら
13	逆発想原理	逆にしたら	35	パラメータ原理	形や条件を変更したら
14	局面原理	回転させたら	36	相変化原理	形状を変更したら
15	ダイナミック性原理	環境に合わせたら	37	熱膨張原理	熱を加えて膨ませたら
16	アバウト原理	大ざっぱにしたら	38	高濃度酸素利用原理	濃度を濃くしたら
17	他次元移行原理	垂直方向を使ったら	39	不活性雰囲気利用原理	反応しないものを入れたら
18	機械的振動原理	振動を与えたら	40	複合材料原理	違う質のものを合わせたら
19	周期的作用原理	繰り返しにしたら			
20	連続性原理	継続的に続けたら			
21	高速実行原理	高速で実行したら			
22	災い転じて福となす原理	マイナス点からプラスを引き出せたら			

す。特許内容を解析し、どのようにして特許出願できるレベルのアイデアを出したかを40項目にまとめました（表3-2）。主なものは分割、部分変更・組合せ・非対称・逆設定・仲介設定・中込め・平衡・色替え・形状変えなどです。

要点 ノート

> 問題を解決するために、アイデア発想が重要なカギを握ります。世の中にはいろいろなアイデア発想法がありますが、目的に合ったかつ取り組みやすい手法を使うことがポイントです。

1 品質改善活動の胆

トヨタの現場主義

❶真因追究のための3現主義

　現場主義は、「デスク上や事務所ではなく、想像や推測の前にまず現場に行って、現物を見てどのような状態か現実を確認することから始まる」という考え方を言います。ここでの「現場」「現物」「現実」を「3現主義」と言います。現場は工場だけでなく、建設現場や設計現場、販売現場などもあります。

　トヨタでは、不具合やその原因は「者に聴くな、物に聴け」と言います。工場で不良品が発生したとき、不良内容や原因などの報告を待つのではなく、直ちに現地に行って調べることが重要です。現場に行くのが遅れると、不良品の現物は撤去されたり移動されたり、場合によると廃棄されたりします。これでは不良発生の原因調査が難しくなります。

❷五感と5ゲンを重視

　特に不良品などの現物は、五感で確認します。眼（形状・色）・耳（異音）・鼻（異臭）・指皮膚（温度・凹凸）などです。「現場」「現物」「現実」の3現主義に「原理」「原則」を加えた「5ゲン主義」が、デンソー出身の小畑友三氏により提唱されました（図3-5）。3現主義で不良などを調査した結果、それらが原理・原則から逸脱していないかを確認し、逸脱した部分を原理・原則に則って修復することを求めるものです。

　一方、トヨタの現場力を支える考え方に改善主義があります。身近な不具合から改善するもので、提案制度もその一部であり個人のベースで改善が行えます。次に小集団活動での改善です。グループ全員でアイデアを出し、自分たちで着手するもので、組立工程のレイアウト変更などの際によく見られます。

❸自主研活動と横展

　トヨタ生産方式の自主研究会活動では、本社や他工場から改善の専門家が数カ月間定期的に訪問し、大規模な改善を行います。報告会には本社の改善担当役員と工場の役員も出席し、改善が不十分な場合はやり直しが命ぜられます。

　次に横展主義が挙げられます（図3-6）。一般的には水平展開と言われ、改善事例を他製品あるいは他工場に適用するものです。トヨタでは「横展開」と言い、略して「横展」と呼んでいます。他部署の改善内容を自部署で真似るの

図 3-5 ｜ 3 現主義と 5 ゲン主義

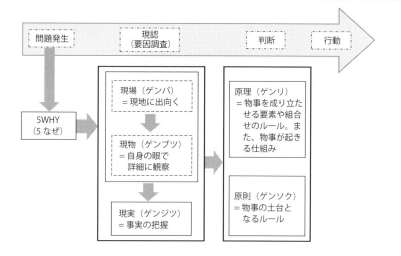

図 3-6 ｜ トヨタの主な 4 つの主義（改善・横展・考動・真因）

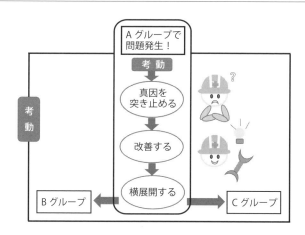

は大変重要なことで、このような事例発表会を開催して即、横展開をするように働きかけるのです。

要点 ノート

想像や推測するよりもとにかく現場で現物を見て、現実を把握することから始めねばなりません。こうした「現場」「現物」「現実」重視の考え方を「3 現主義」と呼びます。問題発見や解決の糸口は常に現場に潜んでいるのです。

1 品質改善活動の胆

トヨタの自工程完結

❶トヨタ生産方式の2本の柱

　世界に広まるトヨタ生産方式は2本の柱からなっています。それは、ジャスト・イン・タイム（J.I.T.）と自働化（ニンベンのついたジドウカ）です。

　自働化の基本的な考え方は、不良が発生したら即不良発生を感知して生産を停止し、不良原因を探索して修正し、再発防止することです。さらには、不良が発生しそうな兆候を検出したら即修正し、不良を未然防止します（**図3-7**）。

❷自工程完結の狙い

　自動車など複数工程を要する製品では、各工程で品質を確保して後工程に流さないと、整斉とした生産ができません。それには以下の3つが必要です。

　○設計要件～製品の機能を確保するのは当然として不良品がつくれない、作業者が良・不良がわかる、つくりやすい構造設計が必要

　○生産技術要件～設備や金型、治具などで機能や工程能力の確保は当然として誤品や欠品が起きない、工程飛ばしが発生しない、操作しやすいなど

　○製造要件～作業しやすい作業手順、スムースな動作ができる作業方法と、4M（設備・人・材料・方法）に関するルールなどの維持

　具体的には、製造では標準作業を徹底的に実施します。次に現場での問題を顕在化します。生産技術では、その問題について工程改善や設備改善を実施。設計部門では、設備や治具の問題で製品図面を再検討して変更します。

　自工程完結は「品質は工程でつくり込む」ことを意味します。これは「後工程はお客様」の思想につながります（**図3-8**）。

❸製造部門からスタッフ部門へ

　製造部門の品質問題を未然防止する活動をスタッフ部門に置き替えて見ると、工程は意思決定の連鎖であり、提案や判断が誤っていると手戻りとなります。これらを起こさないために、意思決定の精度を高めることをスタッフ部門の自工程完結と設定します。基本は以下の通りです。

① 「目的・ゴール」をはっきりさせる
② 「最終的なアウトプットイメージ」を明確に描く
③ 「プロセス／手順」をしっかりと考え、書き出す

図 3-7 | 流出防止と未然防止

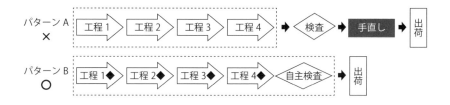

図 3-8 | 自工程完結活動の基本

番号	要件名	内容
①	設計要件	不良品がつくれない、作業者が良・不良がわかる、つくりやすい構造
②	生産技術要件	誤品・欠品が起きない、使いやすい、操作しやすい設備・道具
③	製造要件	作業しやすい作業手順、スムースな動作ができる作業方法、4M（設備・人・材料・方法）に関するルールなどの維持

④次の「プロセス／手順」に進んでよいか判断する基準を決める
⑤正しい結果を導き出すために「必要なモノ」を抜け・漏れなく出す
⑥仕事を振り返り、得られた知見を伝承する

　これらにより、失敗や手戻りが減少して部分最適がなくなり、情報共有が良くなることで生産性も向上します。

要点 ノート

自工程完結は、設計要件と生産技術要件、製造要件の3つを満足することが基本です。それぞれのPDCAを回してより良い条件にする活動と、製造各工程での4M条件を維持改善し、自工程で完全に品質を完結することと言えます。

2 品質改善活動のツール運用① QC7

QC7つ道具

❶現地・現物で「5みる」

　品質問題を考える上で基本的な項目に、3現主義と「5みる」があります。3現主義は現地・現物・現認を言います。「5みる」は見る・視る・観る・診る・看るです。品質問題の解決には深さと数量、時間的推移など数値データで分析することが必要です。したがって、必要に応じてデータ測定を行います。

　これらのデータを統計処理して分析し、問題の真因を浮き彫りにします。このとき多用されるのが「QC7つ道具」で、チェックシート、グラフ、特性要因図、ヒストグラム、パレート図、散布図、管理図のことです（**図3-9**）。

❷データ分析で現状把握

①チェックシート

　作業や状態の確認用およびデータの分類用があります。チェックシートで収集分類したデータを解析し、問題解決につなげることが重要です。

②グラフ

　数量などの比較や比較項目ごとのバランスを見るほか、分布比率や時間経過による推移状況を表します。これにより問題点を把握し、改善や今後の方向性を決めていきます。各種グラフやレーダーチャートなどがあります。

③特性要因図

　問題の要因を階層的に樹状に表した図で、類似するその形状から「魚の骨分析」とも呼ばれています。QCサークルでの現状把握や解析に多用されます。

④ヒストグラム

　度数分布図や柱状図とも呼ばれ、データを区間ごとに分け、区分されるデータ数を棒の高さで表した図です。データの偏りなど分布状況が把握できます。

⑤パレート図

　データを項目別に分け、データ数の大きい順に棒状に表し、項目別の累積比率を同時に表現した図です。項目別の重要度や影響度がわかり、取り組みの優先度を決める際に活用されます。また、取り組み前後の比較も容易です。

⑥散布図

　2つの数量を持った項目の関係性を知るために使われます。縦軸と横軸に各

図 3-9 | QC7つ道具

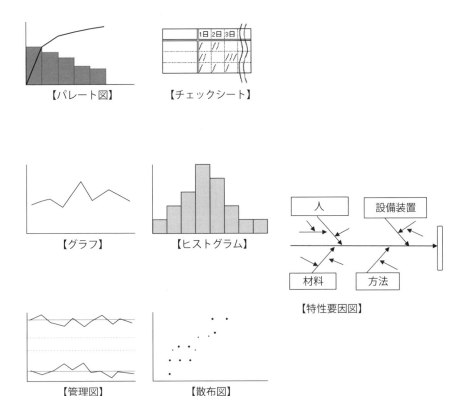

項目の数字の交点にプロットした点の形で、正・負などの相関がわかります。

⑦管理図

　管理項目のデータを時間経過ごとに収集し、縦軸にデータの数字、横軸は時刻など時間経過を示して交点にプロットします。データの上下限が示され、その範囲のプロットの動きから問題発生の兆候を見出すときに使われます。

要点 ノート

品質改善を目的にした現場活性化のために、「QC7つ道具」の活用はきわめて有効です。現状や問題の重要度の把握、対策の具体化などに役立てます。数字データを使うのが基本ですが、特性要因図は言語データも多用します。

2 品質改善活動のツール運用① QC7

チェックシートと層別

　チェックシートと層別の活用は「QC7つ道具」導入の最も基本です。
❶チェックシートの作成
　現場を観察しながら点検や調査を簡単に行えるシートで、あらかじめ点検項目や調査項目が示されています（**表3-3**）。これにより、点検や調査の漏れが少なくなります。点検用シートは設備運転開始前のチェックなどに使用し、エアー圧力など設備運転条件がOKかを確認します。その他治具・検具などの条件や準備忘れ項目、漏れがないかの確認などに使用します。記録用シートは、たとえば毎日の不良品発生数とその内容を記録するものなどに用います。
　チェックシートへの記録により、不良品の発生推移と内容などがわかります。チェックシートは、①点検・調査する項目を決める、②点検・調査する頻度を決める、③点検・調査の判断基準を明確にする、④点検・調査・作業する順番に項目を並べる、④担当者が使いやすいフォーマットに仕立てる、の順に作成します。チェックシートの作成目的を明確にすることからまず始めます。
❷層別の分類法
　収集したデータをグループ別など分類することにより、その特徴がわかってきます（**図3-10**）。また分類した項目ごとの該当数により、問題の絞り込みが可能です。たとえば不良項目の発生件数を層別する場合、以下のように分類します。大きく分けた後、さらに細かく仕分けします。
　○日時別〜時間・日・週・月・期・年・午前・午後、昼夜、曜日など
　○作業者別〜個人、男女、年齢、経験年数、技能、資格、職種、職位など
　○材料別〜メーカー、購入先、ロット、材質、成分、形、購入時期など
　○機械別〜メーカー、形式、機種、号機、型式、型、治工具など
　○方法別〜作業方法、加工方法、用途、ロット、場所、手順、など
　○条件別〜温度、湿度、圧力、電圧、作業速度、作業場所など
　○検査測定別〜検査員、測定者、測定器、試験機、測定場所など
　○商品別〜品名、メーカー、価格、デザイン形状など
　○販売店別〜地域、店員数、品揃え、公告宣伝費、など
　○作業環境〜気温、湿度、照度、粉塵、騒音、天候など

第3章 品質改善活動を徹底するカギとツール

表 3-3 ｜ チェックシートの例

記録用チェックシート

チェック内容	1日	2日	3日	4日	5日	計
	/	//				
	//	/	///			
	/	/				
	///	//	/	///		
	/	/				
	//		///			
計						

点検用チェックシート

区分	点検個所	NO.	点検内容	チェック	備考
プレス機		1		✔	
		2		✔	
		3			
		1			
		2			
		3			

図 3-10 ｜ 層別のイメージ

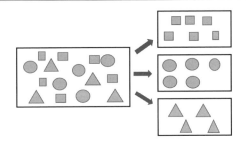

　層別の進め方として、まず問題点を決めます。次に層別の項目、たとえば設備別や作業者別かなどを決めます。そして、データを収集します。最後に、データを解析して原因を探し出します。

> **要点 ノート**
> チェックシートは、データを収集する際の最も基本的な手法です。点検用と記録用の2種類があります。収集したデータを活用して層別し、問題の真因を追究していきます。

2　品質改善活動のツール運用① QC7

グラフ

　グラフは、ある意図で集められた数字の一覧表を数字の大きさに合わせた各種図形で表し、時間的推移や異なるデータの比較、占有比率などを容易に理解できるようにしたものです。このうち代表的なものを以下に紹介します。

❶棒グラフ
　異なったグループや組織間の比較をする際に多用されます。たとえば、地方の営業所の売上高を、数字に基づき棒グラフで表します（図3-11）。数字だけだとひと目で理解するのは難しいですが、棒の長さで売上高を示せばその違いが即座にわかります。なぜそうなったか、人数・業界の違いも含めた顧客層の違い、販売促進の取り組みの違いなどを調査し、売上増に役立てます。

❷折れ線グラフ
　時間的推移による変化量を表すときに使います。たとえば、ある営業所の売上高が毎年どのように推移するかを表す場合や、全体の傾向を知りたいときなに用います。目標がある場合は目標線を記します。時間的推移の大きさや変化の特徴をつかみ、その要因を調べて売上高向上策を検討します。特に変化の大きい時期については、変化の要因を調査しコメントをつけます。

❸円グラフ
　全体の数値を構成する個々のデータの構成比率を見るのに用います。円全体のうち、個々の構成項目を角度の比率に応じて示します。たとえば、1つの構成項目が全体の40%であれば、$360° \times 0.4 = 144°$と算出できます。
　リング状に表現する場合は、内輪部に全体の数量などを記します。円の真上を0°とし、右側まわりで構成の大きいものから順に配置します。2つ以上の全体を表わす場合は、全体の大きさに比例した大きさの円とします。

❹帯グラフ
　表示内容の中身の構成割合を表したいときに使用します。帯状のため長方形の長さでその割合を示します。全長を100%とし、構成内容の比率に応じた帯の長さに区分します。また横長の帯を上下に数本並べて表すと、たとえば年度変化や時間経過による構成内容の推移などを表現できます。

図 3-11 各種グラフの例

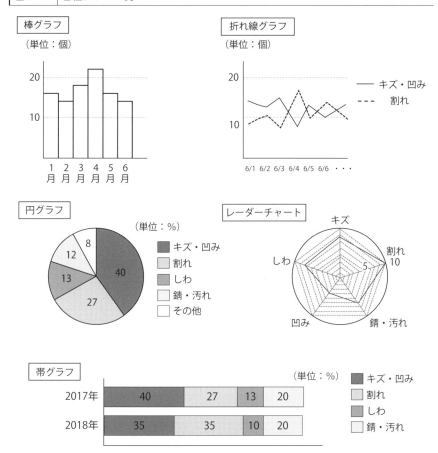

❺レーダーチャート

円形の中心から表示項目数の放射線上の半径方向に、表示項目のレベルに応じた長さで位置を示し、隣のデータを線でつないで項目ごとのレベルを比較する場合に用います。改善前と改善後を併記すると、前後の比較が行えます。レベルは、5段階の場合は蜘蛛の巣のように、5つの同心円を書くと理解しやすいです。項目数により、花びらチャートやダイヤモンドチャートと言います。

> **要点 ノート**
>
> グラフは、QC7つ道具の中でも比較的作成しやすく、理解もしやすいため多く使われています。主要なグラフおよびレーダーチャートの特徴を踏まえ、適宜活用しましょう。

2 品質改善活動のツール運用① QC7

ヒストグラム

　ヒストグラムとは、あるグループのデータのバラツキ具合を表した図です。取得したデータを分別し、データ数に比例した高さの棒状図形の集合形状によりデータの分布状況を見て、品質などの安定度を判断します。ヒストグラムには特徴のある型があります（**図3-12**）。

❶ヒストグラムの型
　○一般型・釣鐘型～データ数が中心部で最も多く、左右対称となる。工程は安定していると言える
　○歯抜け型・櫛歯型～頻度を表わす棒が櫛歯のように抜けており、区間幅が測定単位の整数倍でないときや測定方法が偏っていると表れる
　○右（左）裾引き型～ピーク値が中心ではなく左（右）に寄り、左（右）側は急に、右（左）側は緩やかに減少する形状。規格値の下限などにより制限された場合などに表れる
　○左（右）絶壁型～左（右）側が絶壁になり、極端に左（右）側に度数が高い中心部が存在する場合で、右（左）側はなだらかに減少する。規格値以下を取り除いたときに表れる。データの誤処理や測定ミスなど確認が必要
　○高原型～各区間のデータ度数に変化が少ないもの。複数の中心値が異なったグループのデータが混在するときに表れる。データの層別を再確認する
　○ふた山型～2つのピークの異なるグループで、たとえば2台の機械がデータの混在したときなどに表れる
　○離れ小島型～右あるいは左側に、中心部のピークと比べて低いピークが存在する形。他のグループのデータが少し混入していると表れる。工程に異常発生がないか、他のデータの混在を確認する

❷ヒストグラムのつくり方
　○作成目的の明確化～たとえば、収集したデータの品質特性分布や規格値との関係、工程能力の調査など目的を明確にする
　○データの収集～一般的には100個程度のデータを収集
　○データのレンジの算定～データ一覧表から最大値、最小値を求め、レンジである最大値−最小値を算定

図 3-12 ヒストグラムの型の図

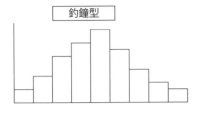

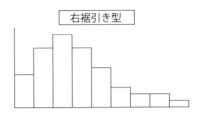

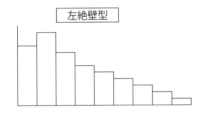

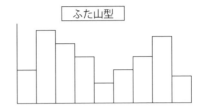

表 3-4 ヒストグラムの用語表

①	区間：データのレンジを柱の本数で区分けした1つの領域
②	区間の幅：同じ区間の上側境界－下側境界値、柱の幅
③	区間の度数：同じ区間のデータ数、柱の高さ
④	区間の数：全体レンジ区分した区間の数、柱の本数
⑤	区間の境界値：柱間の境界の値
⑥	区間の中心値：柱の中央の値、上側境界値と下側境界値の平均値

○区間の数と幅を算定〜区間数は、柱の本数でデータ数の平方根。幅はレンジを区間数で割って、測定単位の整数倍にする（表3-4）。
○区間の下側境界値の算定〜最小値－測定単位/2
○度数表の作成〜各区分の度数を算定、境界値、中心値を決める
○ヒストグラムの作成〜規格値、平均値、データの履歴、収集期間を記入
○ヒストグラムの考察〜データのバラツキ、規格との関係を読み解く

要点 ノート

データのバラツキや規格との関係を知るために使います。データの分布に応じて典型的な形状が表れます。ヒストグラムを活用することで、工程の安定度を把握が可能です。

【2】品質改善活動のツール運用① QC7

パレート図

　パレート図は、イタリア人の経済学者パレートが提案しました。不良・故障の内容や原因の絞り込み、優先的に取り組む課題を検討するために作成し活用されます。各種の収集したデータを層別し、項目ごとにデータ数の多い順に棒グラフで表し、かつ項目ごとの累積比率を折れ線グラフで表したものです。グラフの左側の縦軸はデータ数の目盛りで、上端はデータ数合計の値、右側の縦軸は累積比率で上端は100％になります。

❶パレート図のつくり方

　作図の目的を明確化することが第一です。続いて分類項目を選び、データを収集しますが、不良や欠点項目、問題部位別などの結果によるものと、4Mなどの要因別による方法があります。さらに、以下の順で進めていきます。

①データの整理

　各項目別の件数を求め、大きい順に並べます。また、累積件数と累積比率を求めます。件数の少ない項目はその他として集計します（図3-13）。

②縦軸と横軸を作成

　横軸には各項目の大きい順に柱を立てます。その他の項目は右端に置きます。左側の縦軸は件数目盛りをつけ、目盛りは0から合計件数まで記入します。右側の目盛りは累積比率0から100％まで記入します（累積比率＝累積数÷合計件数）。100％の高さは左側目盛りの合計件数と同じにします。縦軸に単位を記入し、左側縦軸には（件数）と右側縦軸には（％）を最上部に記します。

③棒グラフと折れ線グラフの記入

　間隔を空けず項目別の棒グラフを書きます。棒高さは左側目盛りの件数で、高い順に左から筆記。折れ線グラフは、項目ごとの累積比率を右側目盛りに合わせ左側最下部の0目盛りから棒右上の角に向け、斜線を引きます。そこから順に累積比率の目盛りに合わせて項目欄の右側に記入し、右側縦軸の100％目盛りまで斜線を引きます。項目数分を連続すると折れ線グラフになります。

④必要事項の記入と考察

　図の題名やデータ取得期間、データ取得工程名、データ数、作成日、作成者などを記入します。考察の際は、高さの高い項目や対策の対象項目にはハッチ

第3章 品質改善活動を徹底するカギとツール

図 3-13 | データ整理表とパレート図

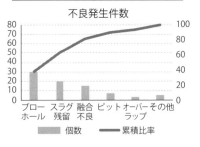
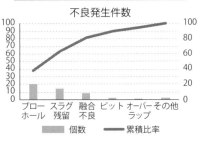

図 3-14 | パレート図で改善前後の表し方

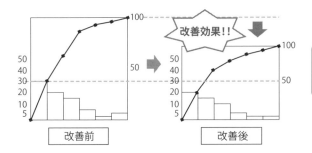

縦軸の目盛を同じにしておくと、より改善効果を視覚的に表現できる!!

ングや塗色してわかりやすくします。棒グラフ・折れ線グラフの形状と各項目から、対策効果の高い順などを考察します。その結果、改善着手の優先順位を決めて実際に取り組みます。

❷活用の特徴

問題点や原因の影響度が項目別に比較でき、重要・優先項目の絞り込みがしやすい点が挙げられます。また項目別の重みづけが明確なため、改善後の効果が予測しやすく、改善前後の比較がしやすいことも特徴です（**図3-14**）。

> **要点 ノート**
>
> 品質不具合の現象別、原因別など項目別の発生件数と累積比率がひと目で理解しやすく、改善対象の絞り込みもしやすいのがパレート図を活用するメリットです。現状把握などに有効なツールと言えます。

2 品質改善活動のツール運用① QC7

特性要因図（魚の骨）

　特性要因図は、不良の特性と要因を導き出すためのツールです。作成された図の形が魚の骨に似ていることから「魚の骨図（fishbone diagram）」と言われています。一方、海外では、考案者の石川馨博士（東京大学教授）にちなんで「石川ダイアグラム」とも呼ばれています。魚の骨図において魚の頭部に問題の特性を記し、背骨を太線、中骨・脇骨を中線、小骨を細線で表し、順次細部に検討を進めて真因を見つけ出します。

❶活用する目的
　品質不良や作業性の改善に活用します。たとえばパレート図で示された改善対象の品質不良項目を特性として、その要因となるものを順次大項目から中項目、小項目に分けて複数の要因を検討し、対策につなげます。また、作業標準書の作成のためにも使います。作業に関する設備などの条件を細かく考察するため、ポイントを逃さずに作業標準書が作成できます。

　さらに、人材育成に活用することも可能です。品質改善やコスト削減、ケガ防止などの安全対策を体系的かつ論理的に考え、進められるようになります。

❷特性要因図の作成
　作成方法は、太骨から順次細分化していく方法と、多数の小骨から順次集約する方法があります。ここでは前者について説明します。

　まず、品質不良などの特性を決め、魚の骨図の頭部に書きます（図3-15）。次に、特性に向けた背骨である太線を書きます。中骨を背骨に向け、中線を数本記入して中分類項目を記します。中分類には工程別や4Mの設備、作業者など材料や方法を選定することも多いです。引き続き脇骨や小骨など対策ができるレベルまで検討し、記述します。要因に漏れやダブリがないかも再確認します。

　記述された複数の要因のうち、特性に影響を与える項目について点数づけなどを行い、重みづけして選定します。選定した要因が真因かどうかは、現場や現物を再度確認して調査検証します。最後に目的やテーマ名、作成メンバー、作成日などを記します。選定された改善項目の改善計画、改善メンバーなどを決めて改善を実施し、目的を達成したかを確認します（図3-16）。

図 3-15 | 魚の骨の構造

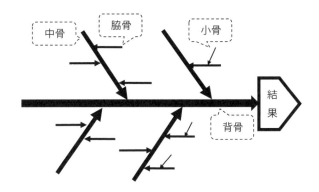

図 3-16 | 特性要因図の記入例

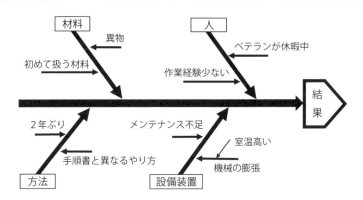

❸作成上の留意事項

　多くの人の意見を集めて多面的に考察します。小骨など対策できるレベルまでの展開は、できるだけ多く案出しします。さらに、メンバー自らが改善できる項目を出すことが重要です。また、専門的な事項で行き詰まった場合は先輩や上司、専門部署に助言を求めることも大切です。案出しについては、ブレーンストーミングなどのルールに沿って行うことが効果的です。

> **要点 ノート**
> 特性要因図は、QC7つ道具の中でも中核的で最も創造的なツールと言えます。特性要因図とブレーンストーミングを併用することにより、グループのアイデア創出力が高まるはずです。

2 品質改善活動のツール運用① QC7

散布図

　2つのデータの関係を調査するための図が散布図です。
　たとえば人の体重Xと身長Yのデータの関係を調べる場合、体重Xを横軸に目盛り、身長Yを縦軸に目盛り、多くの人の体重と身長のデータの交差点にプロットしてみると、身長が高いと体重が重くなる傾向が見られます。身長が高い人は、概ね体重も重い人が多い傾向があることになります。このように、2つのデータの相互関係を見ることができます（図3-17）。
　Xが大きくなるとYのデータも大きくなる関係（図ではプロットした集団の形が左下から右上に向けた楕円）を「正の相関」と言い、Xが大きくなるとYのデータが逆に小さくなる関係（同様に左上から右下に向けた楕円）を「負の相関」と言います。Xのデータの変化とYのデータの変化に傾向が見られない場合（円形状にプロットが散らばっている状態）は「無相関」と言います。

❶散布図の作成
　対象物の2つの性質などのデータを集めます。たとえば、ある油脂の温度と粘度のデータのことです。次に温度と粘度の数値を一覧表にまとめ、それぞれのデータの最高値と最小値を確認します。横軸X、縦軸Yのグラフの目盛りを記入します。目盛りに沿ってデータ一覧表のデータの交点にプロットします。同じプロットが複数回ある場合は、◎印やプロットの極近傍に追加プロットすることでわかりやすく記入します。
　なお、一群から孤立したプロットがある場合は、データの採集誤りや測定誤りのほか、作業方法の変更などが考えられます。原因を調査して異常値かどうかを判断します。最後にテーマ名称やデータ取得日、作成者など必要事項を記入し、プロット全体の形状から2つのデータの相関を検討します。

❷散布図の見方で留意すること
　データの整理を誤ると、2つのデータの相互関係が正しく表現できなくなり、誤った判断につながります。たとえば、異なったグループのデータを混在させた場合は、それぞれのグループが「正の相関」と「負の相関」のときは互いに打ち消し合って1つのグループとして「無相関」状態を構成し、誤った判断につながります（図3-18）。

| 図 3-17 | 散布図の例とその3つのパターン（正・負・無相関） |

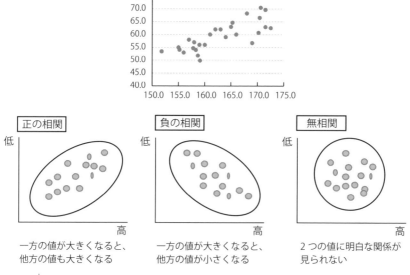

| 図 3-18 | 孤立したデータの例・データ混在の誤りの例 |

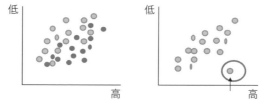

　一方、2つの「正の相関」グループでもグラフ上の位置が異なる場合の混在では、1つのグループとして誤った判断につながることがあります。さらに無相関の2つのグループは、グラフ上の位置関係で連続的なプロット配置を「相関あり」と誤って判断することもあります。その他、採取したデータ以外の要素の影響から、相関の判断を誤る「偽相関」の発生も考えられます。相関の判断は取得したデータの範囲以内で行い、その範囲を超えた部分まで同じ相関の判断をしてはいけません。外挿による「相関」の判断誤りに結びつきます。

要点 ノート

2つのデータ間の相関関係を調査する場合は、測定前の2つのデータへの他因子の影響などに留意しておくことが肝要です。また、採集データのグループ間の混在にも注意が必要です。

2 品質改善活動のツール運用① QC7

管理図

❶管理図の種類

　管理図は、工程が安定しているか、異常が出ていないかを判断するときに活用します。解析用管理図は現状データを集めて管理図にし、管理限界内にあるかどうかを見ます。また管理用管理図は、工程の安定度維持のために時系列でデータを取り、その値を見て工程の安定化に役立てます。

　管理図は、扱うデータの種類が計量値か計数値などの違いで多くの種類があります（表3-5）。計量値は、測定器で連続して測定できる数値のことです。一方、計数値は「1個」「1件」というように数えることができ、小数点を取らない数値のことです。ここでは代表的な$\bar{X}-R$管理図を説明します。データの平均値である$\bar{X}$と、データの最大値と最小値の差である範囲Rの2つの時系列推移を表した折れ線グラフから成っています。横軸は時刻などを示し、縦軸は測定値などのデータを示します。中心線CLと上側管理限界線UCLと下側管理限界線LCLがあります。

❷管理図のつくり方

　データを集め、データの採取日時や素性（対象製品、設備、測定方法など）を明確にした後、時系列順に整理します。1回のデータ採取数は5回程度とし、その平均値を求めます。5回のデータを群データと言います。そして$\bar{X}$管理図を書きます。時間経過ごとにデータ採取を5回行い、平均値を順次計算します。算出した複数の平均値のさらに平均値を求め、その値を中心線に設定します。上下限の管理限界線は次の計算式から求めます。その値で管理限界線を記入します。算出した$\bar{X}$平均値をプロットして折れ線グラフに表します。

$$上側管理限界値 = 全体の群の平均値 + A2 \times \bar{R}$$
$$下側管理限界値 = 全体の群の平均値 - A2 \times \bar{R}$$

　次にR管理図を書きます。それぞれ時系列に取得したデータ群の最大値と、最小値のデータの差を計算して平均値を求めます。その値を縦軸の中心線に設定します。さらにRの平均値を時系列順に並べ、$\bar{R}$管理図に記入します。上側管理限界値を次式で求め、上側管理限界線を記入します（下側はなし）。

$$上側管理限界値 = 全体の群の平均値 + D4 \times \bar{R}$$

表3-5 管理図の種類と計数表・計量値3つ計数値4つ

データの種類		管理図の種類
計量値管理図	X̄−R管理図	群れのデータの範囲を対象とした管理図でよく用いられる
寸法 重量 強度	X̃−R管理図	X̄−R管理図の平均値の代わりに群れのデータの中央値を用いた管理図
	X−Rs管理図	1つひとつのデータと1つひとつのデータの差を範囲対象とした管理図で、ロットごとに1個のデータしか取れない場合に用いる
計数値管理図	P管理図	不適合率などを対象とした管理図で、適合率や歩合率などに用いられる
不適合率 欠陥数 欠点数	Pn管理図	データ数が一定の場合の不適合率を対象にした管理図
	C管理図	一定の範囲における欠点数を対象とした管理図
	U管理図	範囲が一定でない場合の欠点数を、ある一定の範囲に換算した欠点数を対象とした管理図

図3-19 管理図の構造と異常判定ルール8例

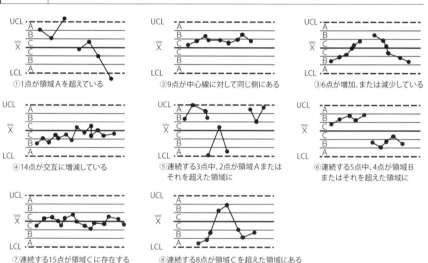

①1点が領域Aを超えている
②9点が中心線に対して同じ側にある
③6点が増加、または減少している
④14点が交互に増減している
⑤連続する3点中、2点が領域Aまたはそれを超えた領域に
⑥連続する5点中、4点が領域Bまたはそれを超えた領域に
⑦連続する15点が領域Cに存在する
⑧連続する8点が領域Cを超えた領域にある

時系列順に並べたRの平均値をR管理図にプロットし、折れ線グラフとします。限界線を超えたプロット点には◎印をつけて明確にします。最後に管理図の名称、対象工程など必要事項を記入します。

❸管理図の見方

折れ線グラフの形によりJIS Z 9021に異常判定ルール8例が示されています（図3-19）。たとえば連・傾向・周期性などがあります。

> **要点 ノート**
> 管理図には解析用と管理用の2つがあります。工程の安定度を見るため時系列にデータを採取し、管理限界を超えないようにチェックし未然防止します。異常データの発生時は即原因を調査し、対策して再発防止につなげます。

【3】品質改善活動のツール運用② 信頼性など

システムの信頼性設計を考える3つのF

　ミスや故障を回避する信頼性設計の考え方であるフールプルーフ、フェイルセーフ、フォールトトレランスを、3つのFと称して解説します（表3-6）。

❶フールプルーフ（fool-proof）

　わが国では前述したように、現場でアイデアを出して不良品の未然防止に役立てる「ポカヨケ」活動が知られています。誤った操作で不良品をつくったり、ケガや災害を起こしたりしないようにあらかじめ設計することです。また、一般的な製品では、乾電池の＋側と－側を誤って入れられないように取付口を設計してあることもフールプルーフです（図3-20）。工作機械などでは、加工エリアの安全カバーを閉めないと作動できないようにしてあります。電気回路的にはインターロックと呼びますが、フールプルーフの1つに数えられます。

❷フェイルセーフ（fail-safe）

　大型設備を製作・提供する企業にとって、当該設備で作業者がケガをすることは断じて許されません。これもメーカーにとって重要品質になります。
　フェイルセーフは、設備に異常が発生しても安全を確保する考え方を言います。たとえば、地震や人がつまずくことで石油ストーブが転倒した場合、自動で消火する装置を指します。また、フェイルソフト（fail-soft）という考え方もあります。故障することを前提に、故障した部分を遮断や分離して全体のシステムを失わせず、機能を縮減して稼働を継続させる設計の考え方です。飛行機の片側エンジンが故障で停止しても、残りのエンジンを使い、速度は低下させても飛行を継続できる設計にすることはよく例示されます。

❸フォールトトレランス（fault-tolerance）

　障害耐性のことで、不具合があっても機能を落とさず、継続できる設計にすることです。冗長性設計とも言われます。たとえば、通信回路が1本の場合はもし断線したら通信不能になりますが、二重にしてあれば1つが断線してももう一方で通信が継続できます。
　連続稼働が求められるシステムや、故障すると人命に関わるなど重大な被害が発生するシステムに適用されています。特に、社会システムや医療システム

表3-6 システムの信頼性設計

名称	目的	内容
フォールトトレランス	信頼性確保	障害が発生しても、予備の系統に切り替えるなどして正常な稼働を継続させる
フェイルセーフ	安全第一	障害が発生した場合、一部を切り離すなど機能を縮減し、停止させず稼働を継続させる
フールプルーフ	未然防止	障害が発生せぬようにあらかじめ設計する。うっかり誤動作しても故障や終了をさせず次の動作を促すなど継続させる

図3-20 フールプルーフの例

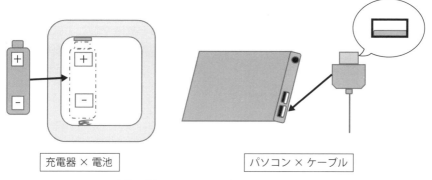

充電器 × 電池　　　パソコン × ケーブル

逆・裏返しでは置けない

に用いられるコンピュータの故障停止は重大事故につながるため、プロセッサーの複数設置、ディスクのRAID（Redundant Arrays of Inexpensive Disks：複数ディスクの組合せで大容量と信頼性を確保）化、冷却ファンの多台化、無停電電源装置の設置などの対応がなされます。

同じような定義に、フォールトアボイダンス（fault-avoidance）があります。システムなどの信頼性を高め、故障や障害がなるべく生じないようにすることです。個々の構成要素の品質レベルを高めたり、耐久試験など十分なテストを行い、故障の原因をなくしたりすることで信頼性を高めます。

> **要点 ノート**
> 製品品質のうち特に安全については、主要な信頼性設計の考え方である3Fに基づいたアプローチが重要です。それぞれの機能を理解した上で、不具合に対する歯止めのかけ方を選択しましょう。

3 品質改善活動のツール運用② 信頼性など

FMEAとFTA

❶FMEAの特徴

　FMEA（Failure Mode and Effect Analysis）は故障モードと影響解析と呼ばれ、設計不良や潜在的な欠陥がシステム全体に影響する過程を解析し、故障の未然防止を図る手法です（**表3-7**）。FMEAには設計FMEAや工程FMEAなどがあり、特に重要度のほかに危険度を重視したFMECAがあります。

　故障モードとは、摩耗や折損、破断、特性劣化など故障を起こす原因のことです。これらがシステム全体にどのように影響するか、段階を経て解析していきます。FMEAの実施後、顕在化した問題を対策してから再度、重要度が変化したか、新たな問題は発生しなかったかなどを確認します。FMEAはFTA、DR、HAZOPとともに、IECの国際規格になっています。

❷FMEAの目的

　FMEAに着手する目的は以下の事象が挙げられます。
　○設計不具合の早期摘出と未然防止
　○故障原因となる部品レベルの要因を特定
　○設計不良の後工程への影響を少なくして開発期間を短縮
　○信頼性試験・評価試験の内容が明確になるため実効性が増す
　○技術標準として技術の蓄積
　○設計などの思考プロセスをトレースでき、次期プロジェクトに反映
　次に、危険優先指数（RPN：Risk Priority Number）は故障モードの3つの評価点を掛けて計算します。重要度を第一優先とする考え方もあります。

❸FTAの特徴

　FTA（Fault Tree Analysis）は、米国ベル研究所のワトソン氏が提案しました。故障の木解析と呼ばれ、故障原因を順に追及する方法です。FMEAのボトムアップ式に対し、トップダウン式と言われます。故障発生をトップ事象とし、それが発生する条件を上位事象から順次下位事象に展開する方法です。

　故障の発生経路や発生原因、発生確率を、論理記号や事象記号を使って解析します（**図3-21**）。上位事象を起こす複数の下位事象が存在するとき、すべての下位事象が同時に発生したとき上位事象が発生する場合はANDゲートで表

第3章 品質改善活動を徹底するカギとツール

表 3-7 FMEA 表の例

(作成日 20××/×/×)

製品名											
部位											
対象機種				担当部署			担当者				
名称	機能	故障モード	故障影響	故障原因	重要度(対策前)			対策の検討		対策実施と その結果	重要度(対策後)
					影響の 厳しさ	発生 頻度	検知難 易度	致命度	対策内容	実施期限		

図 3-21 FTA 図・事象記号・論理記号

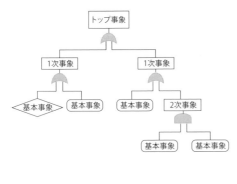

記号	名称	説明
	事象	トップ事象やその要因として展開される事象
	基本事象	これ以上展開できない事象
	否展開事象	技術内容が不明などにより、それ以上展開されない事象
	ANDゲート	すべての入力事象が同時に発生すると、出力事象が発生
	ORゲート	入力事象のうち1つが発生すると、出力事象が発生
	制約ゲート	入力事象が発生したとき、ゲートで示される条件が存在するときのみ出力が事象発生

し、複数の下位事象の1つでも発生したら上位事象が発生する場合はORゲートで表します。ある条件事象を満たす場合に、下位事象が発生すれば上位事象が発生するときの倫理記号は制約ゲートで表します。

❹FTAの目的

障害原因の特定やシステムの弱点の顕在化、設計の信頼性や安全性の評価、人的ミスの影響を顕在化などがFTAの目的となります。ほかにも不具合要因の優先づけや失敗確率と要因の定量化、システムの有効な評価と改善、性能試験と保全の最適化が挙げられます。

> **要点 ノート**
> FMEAは設計の不具合を事前に摘出し、未然防止を図ります。FTAは発生した故障や災害などの不具合をトップ事象に置き、その原因との関係を樹状に表現して複数の原因を特定し、不具合を防止するものです。

3 品質改善活動のツール運用② 信頼性など

データの種類と扱い

❶データの種類

　データの扱いには、データ収集とその統計的集約があります。データには数値データと言語データがあり、数値データは主にQC7つ道具で使われ、言語データは主に新QC7つ道具で使われます。数値データには、数量値や計数値、順位値があります。数量値は、長さや重さなど小数点を含んだ連続値です。計数値は、車の台数や不良品数など小数点がつかない整数値です。順位値は、1級品や2級品など順位を比較するときに使います。

❷データの収集

　すべての対象をサンプリングする全数サンプリングと、対象から抜き取りデータを採るランダムサンプリングがあります（**図3-22**）。また対象がロットなど有限である有限母集団と、工程など無限である無限母集団があります。

❸データの主な統計的集約

○平均値〜最も多用され、収集した数値データの合計を、収集した数値データ数で除した値（**表3-8**）

○中央値〜メジアンとも言い、数値データを小さい数値から順に大きい数値に並べた場合の真ん中に位置する値。偶数個のデータでは中央値は2つ存在するが、中央値は2つのデータの平均値になる

○最頻値〜最も多数出現する数値で、中央値と同様に異常値に影響されない

○範囲〜採取したデータの最大値と最小値の差で、データのバラツキを見る。最大値5.4、最小値3.2の場合、範囲 = 5.4 − 3.2 = 2.2となる。採取したデータの1つのみ使うため、データの損失が多い

○偏差平方和〜採取した個々のデータの平均値からの偏りを表し、データのバラツキを示す。平均値より小さい値のときは+だが大きいと−になり、合計で相殺される。したがって差の2乗の値を用い、合計の大きさで偏りを表す。データ数が多いときは、（偏差平方和 = 個々の2乗のデータの合計 − データの合計の2乗÷データ数）で計算する

○分散〜データの数が大きくなると偏差平方和は大きくなり、データ数の異なるグループ間の比較が困難になる。データ数の異なるグループ間のバラ

第3章 品質改善活動を徹底するカギとツール

図 3-22 | 標本抽出法・サンプリングの種類

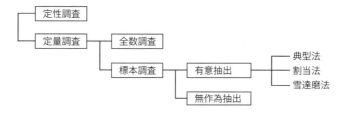

単純ランダムサンプリング （無作為サンプリング）	母集団の構成要素が等しい確率で抽出
多段（2段・3段）サンプリング	第1段は母集団を数種に区分けし、そこからランダムに選び出した後、さらにその部分からランダムサンプリングを実施。段階を踏んで複数回ランダムサンプリングを実施
層別サンプリング	母集団を数種の層に分け、区分された層からランダムサンプリングを実施
集落サンプリング	第1段として母集団を数種に区分。そこからランダムに選出した後、その部分のすべてを調査
系統サンプリング	一定の間隔でサンプル採取

表 3-8 | 基本統計量（平均・偏差平方和・分散・標準偏差）

項　目	計算式
平均	$\overline{X} = \dfrac{\sum X_i}{n}$
偏差平方和	$S = \sum (X_i - \overline{X})^2$
分散	$s^2 = \dfrac{\sum (X_i - \overline{X})^2}{n-1}$
標準偏差	$s = \sqrt{\dfrac{\sum (X_i - \overline{X})^2}{n-1}}$

ツキを比較するため、偏差平方和を（N－1）で割った分散の値を用いる。（N－1）で割るのは個々の偏差の合計は0になり、自由な値を採れる偏差の数がN－1個になるため。単位は元の単位の2乗で表す

○標準偏差～値が大きいとバラツキも大きい。分散のデータの平方根により元の単位となる

要点 ノート

> データの種類やサンプリング方式、統計的集約値はQC7つ道具の基礎として重要です。データが少ないときには検定・推定（x^2検定、t検定、分散分析など）を行います。

3 品質改善活動のツール運用② 信頼性など

MTBF/MTTR/MTTF

❶MTBF（Mean Time Between Failures）とは

　平均故障間隔のことで、設備のある期間の総稼働時間を設備故障停止回数で割った値をMTBFと言う。稼働開始後から故障停止までの平均時間です。MTBFが大きいほど故障時間が少なく、安定した稼働ができていることになり、設備の信頼性を示す1つの指標になります。

　MTBFには、連続動作時（CCS）と間欠動作時（ICAS）があります。一般的にはCCSの方が時間的に厳しく、設備の状態を知るタイミングも少なくMTBFが短くなります。一方で飛行機の離陸時や自動車の発進時、あるいは着陸時や停止時に大きな負荷がかかる場合は、CCSよりICASの方がMTBFが短くなることがあります。故障したら復元修理し、再利用する設備に用います。

❷MTTR（Mean Time To Repair）とは

　MTTRは平均修理時間のことで、総修理時間を総修理件数で割って求めます。設備が故障後、修理して稼働を始めるまでの時間の平均値を示します（図3-23）。この値が小さいほど修理能力が高く、設備稼働時間を長くすることが可能です。設備が修理しやすい設計になっているか、破損部品が即入手できるか、破損部品をすぐ修復できる技術力があるかなど保全体制にも依存します。

❸MTTF（Mean Time To Failure）とは

　MTTFは総稼働時間を故障件数で割った値で、平均故障時間（平均寿命）を言います。故障したら修理せず、交換するような非修理系システムに用いられます。身近な例では蛍光灯が挙げられます。壊れたら修理せず廃棄し、新しい蛍光灯を取り付けます。しかし、平均故障時間前に破損する確率が約63％とされていて注意が必要です。

　故障件数が全体の10％になる時間をB10ライフ（ビーテンライフ）と呼び、信頼度が90％になる時間を意味します。さらに、MTTFd（Mean Time To Dangerous Failure）があります。ISO13849-1で規定される機能安全「PL（パフォーマンスレベル）」を表すパラメータですが、これは安全関連部が危険側故障を起こすまでにかかる平均的な時間を表現します。危険側故障とは、故障

図 3-23 | MTBF と MTTR

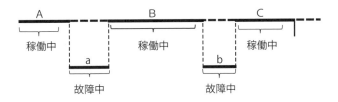

$$MTBF = \frac{A + B + C}{3}$$

$$MTTR = \frac{a + b}{2}$$

図 3-24 | 信頼性評価指標 RASIS

- **R**eliability … 信頼性
- **A**vailability … 可用性
- **S**erviceability … 保守性
- **I**ntegrity … 保全性
- **S**ecurity … 機密性

により危険状態や安全機能を喪失する場合です。MTTFdはI（入力装置）、L（論理処理）、O（出力装置）で構成される1チャンネルごとに計算します。

❹故障率と稼働率

故障率λはMTBFの逆数で、λ=1/MTBFとなります。稼働率はMTBFをMTBFとMTTRの合計で割った数値で、信頼性（Reliability）・可用性（Availability）・保守性（Serviceability）・保全性（Integrity）・機密性（Security）の頭文字をとってRASISと呼んでいます（図3-24）。

> **要点 ノート**
> 設備故障についての信頼性指標として MTBF、MTTR、MTTF が知られています。信頼性のみならず RASIS の視点で見ることは、故障を回避する観点からも大変有効です。

3 品質改善活動のツール運用② 信頼性など

ワイブル・ハザード解析

　不良品を外に出さないことも重要ですが、すでに販売・活用中の製品や設備が故障しないよう対応することも大切です。また、劣化によるいわゆる摩耗故障の寿命延長対策も求められています。ある設備の稼働開始後、故障して停止するまでの時間がどの程度かを調べて統計処理することで、経年劣化型故障のフェーズに入った設備かどうかを見極め、寿命延長対策につなげる判断をします。この種のデータはワイブル分布によく当てはまることが知られています。

❶ワイブル分布

　スウェーデンの材料強度技術者、W.ワイブル（Waloddi Weibull）が提案した確率分布です。詳しい計算過程は割愛しますが、ワイブル分布には形状m、尺度η、位置γという3つのパラメータがあります。特に形状パラメータは、その値により分布形状が大きく変わります（図3-25）。

　ワイブル確率紙にプロットして形づくる直線の傾きにより、形状パラメータ値を求めます。その数値により、m＜1の場合は故障が減少していく初期故障の段階、またm＝1の場合は故障発生の変化がない偶発故障の段階、そしてm＞1の場合は故障が増加する摩耗故障の段階、と判定します。尺度パラメータは平均寿命や故障率に影響し、位置パラメータは故障開始時期に関係します。

❷ワイブル解析（ワイブル確率紙の作成）順序

①ある製品の故障が始まった早い順に故障時間データを並べる
②不信頼度を計算する。ただしr：累積故障数、n：サンプル数とする
　1）単純計算　F＝r／n
　2）平均ランク　F＝r／(n＋1)
　3）メジアンランク　F＝(r－0.3)／(n＋0.4)
　4）モードランク　F＝(r－1)／(n－1)
③ワイブル確率紙にプロット（図3-26）。
④プロットが概略直線状に並んでいるか確認して直線を記入
⑤形状パラメータmの推定値を作図（プロット線と平行線など）して求める
⑥尺度パラメータηの推定値を求める

第3章 品質改善活動を徹底するカギとツール

図 3-25　形状パラメータとワイブル関数例

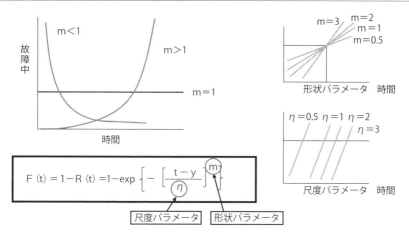

図 3-26　ワイブル確率紙記入例（ワイブルプロット）

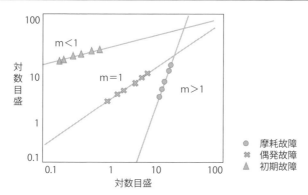

⑦平均寿命の推定値を求める

❸ハザード解析

　過去の故障実績より、今後どの程度故障が発生するか予測することも重要です。これには、ある期間における故障数をその直前における未故障（残存）の台数で割った値として、ハザード関数を使います。ハザード確率紙は両対数目盛りですが、活用の仕方は類似しています。

> **要点 ノート**
>
> ワイブル解析やハザード解析は、製品が顧客に使用されて以降の故障を解析したものです。製品耐用年数の問題のほか、クレームやリコール問題の解析にも使われています。

【3】品質改善活動のツール運用② 信頼性など

数量化ⅠⅡⅢⅣ類
(quantification methods)

❶数量化とは

　データには、質的データと量的データがあります。質的データには「男」「女」など単に名称を表現する名義尺度と、「熱い」「温かい」「涼しい」「寒い」などの順序尺度があります（**図3-27**）。また量的データには温度など間隔尺度と、人数など計算ができる比例尺度があります。数量化は元東京大学の林教授が開発した手法で、質的データを数量化して統計処理できるようにする多次元データ分析法です。数量化ⅠⅡⅢⅣ類のほか、発展型としてⅤⅥ類があります。変数の中で影響を与える側の変数を独立変数（説明変数）と呼び、影響を受ける側は従属変数（外的基準outside variable）と言います。

❷数量化の主な種類

①数量化Ⅰ類

　従属変数と独立変数との関係式を作成し、以下を明確にします。数量化Ⅰ類は独立変数のデータが質的データであることです。
　　○独立変数の各カテゴリーの従属変数に対する影響度
　　○独立変数の重要度のランクづけと予測
　たとえば、コンビニエンスストアの来店人数がどのような条件で多くなるかを知り対応したい場合、次のような式が考えられます。来店人数＝○×曜日＋○×天候＋○×近隣小学校のイベント（運動会など）。数量データは来店人数のみで残りは質的データです。○印は係数です。
　各曜日には1〜7の数字を、天候には晴：2、曇り：1、雨：0とし、イベントあり：1、なし：0を当て、ある期間のデータを採ります。独立変数それぞれの影響度合いが異なるため、○印の係数（カテゴリースコア）は影響度に合った数値を入れることになります。この処理を回帰分析で行います。

②数量化Ⅱ類

　今度はデパートの来店顧客を考えます。顧客を層別して来店回数を増やすなどの対応をするため、顧客のタイプAとBに分けます。来店日の間隔日数、購入金額、来店数などの個別データを集めます。$\{(相関比)2＝\eta2＝(グループ間変動)／(全体の変動)\}$この$\eta2$を最大にし、顧客ごとのカテゴリースコアを決

| 図 3-27 | データの種類 |

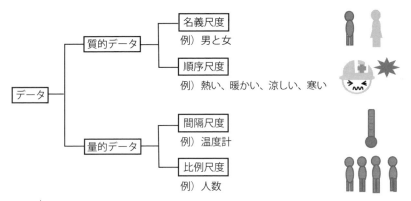

| 図 3-28 | 数量化Ⅱ類　判別分析 |

バラバラにある状態から、●や▲同士は近い値を（グループ内変動を少なくする）、●と▲群は離れた値をとる（グループ間変動を大きくする）処理をして、●群や▲群の境界線（判別境界値）を設定する

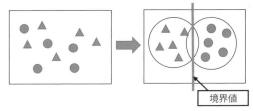

めて、総合計の値がタイプを分ける境界値により判別されます。この区分けを行う解析が多変量解析の中の判別分析です（図3-28）。

③数量化Ⅲ類

　独立変数も従属変数もすべて質的データを扱います。カテゴリー別に2元分割表、クロス表があります。前述した顧客を細かく分ける分析を因子分析、総合的に評価して因子を統合する分析を主成分分析と言います。

④数量化Ⅳ類

　質的データを用いた多次元尺度構成法です。複数点間の類似度が与えられたとき、類似度の高い点を近くに、低い点を遠くに配置する方法です。高次元データを低次元データに図示し、分析後に座標値と散布図を求めます。

要点 ノート

質的データを数量データ化し、統計的手法を用いた多次元データ分析法です。影響を与える変数と、影響を受ける変数の関係を明らかにするなどにきわめて有効な手法と言えます。

3 品質改善活動のツール運用② 信頼性など

実験計画法

　一般的に、実験の着手前は「目的は何か？」「条件の種類（因子）を変えると仮説は変わるか？」「実験誤差を減らすにはどうすればいいか？」を整理して臨みます。ほかにも「何を測定してどんなデータをとるか？」「収集データ数はどの程度か？」「収集データの活用法は？」について定義しておきます。

❶実験計画法の進め方

　実験計画法は、イギリスのフィッシャーが提唱した効率的な実験の方法です。どのようにデータ収集を行うか、どのような条件で実験を行うかを考える手法です。実験の動作や作業方法ではありません。最適な実験方法と最適なデータ分析方法を考えるものです。具体的には、品質などの結果に大きく影響する条件の種類（因子）は何か、因子間の影響（交互作用）はあるか、その因子のどの値が最も良い影響を与えるか、について検証します。

　これを実験で求める場合、因子数が少なければ総当たりで実験します。しかし、因子数が増えると実験回数は指数的に増えます。ここで確率の考え方を用い、実験回数を少なくするのです。総当たりでの実験回数は、たとえば温度が3種類、液体が3種類、固形物が3種類で溶解時間の最適値を求める場合は3×3×3＝27となり、27回必要になります。実験計画法では、条件内容（水準）の関連性の大きさの確率を分散分析で求めることで実験回数を減らします（**表3-9**）。

　それぞれの組合せは、ラテン方格から分散の重みづけで求めた直交表を使います（**表3-10**）。ラテン方格は、各行や各列に1つずつ要素を均等に配置する方法です。水準数や因子数などから該当する直交表を選びます。直交表について方程式をつくって解き、評価係数に変化がある因子が特性値に影響すると言えます。

❷フィッシャーの3原則

　実験のポイントは以下の3つの原則に要約されます。これをフィッシャーの3原則と呼んでいます。

　　○反復の原則～推定値の精度向上
　　○無作為化の原則～実験の順序による条件差や、評価者の慣れなどによる誤

表 3-9　ラテン方格の例（2 水準 3 因子直行表）

ラテン方格

1	2	3
2	3	1
3	1	2

1	2	4	3
2	3	1	4
3	4	2	1
4	1	3	2

2 水準 3 因子直交表

$L(2^3)$	A	B	C
1	0	0	0
2	0	1	1
3	1	0	1
4	1	1	0

表 3-10　直行表の表記

$$L_x(Y^z)$$

L：ラテン方格
x：実験回数
Y：水準数
z：因子数

差を偶然の誤差に置き換え
○局所管理の原則～実験場所での管理と実施順序の無作為化

　データの整理については、1つの制御要因の水準に関し、実験データを無作為にとる一元配置法、および実験場所のように無視できない要因に関して、無作為化できない場合の乱塊法（randomized block design）などの方法があります。多因子の場合は多因子配置法があります。

> **要点｜ノート**
> 品質に大きく影響する条件の因子や因子間の影響（交互作用）の有無、因子のどの値が最良の影響を与えるかなどについて、実験回数を抑えつつ最適な分析を行う方法が実験計画法です。

4 品質改善活動のツール運用③ N7

新QC7つ道具

❶新QC7つ道具の特徴

　数字データを扱うQC7つ道具に対し、言語データを扱うことが多い新QC7つ道具（New 7 Management Tool for QC）はN7と呼ばれ、スタッフや管理部門の人たちに多用されます。昨今の不透明な経済環境を言語データで図形に取りまとめ、今後の進め方や方向性を議論するのに使われます。N7は親和図、連関図、系統図、マトリックス図、アローダイアグラム、PDPC図、マトリックスデータ解析、の7つです（**図3-29**）。

- ○親和図〜混沌とした言語情報を類似したグループに分け、問題の構造を分かるようにして解決を図る手法
- ○連関図〜親和図などで示した各グループ間の関係を矢印で示し、上下関係、相互並行関係、タイミングの関係などを表現して課題解決を図る
- ○系統図〜連関図で示した相互関係をさらに段階別に順序良く示した。問題解決手段が複数ある場合で、1次手段、2次手段のように順に段階を追って解決方法を深める手法
- ○マトリックス図〜縦軸（行）と横軸（列）に各項目を割りつけ、行と列の交点における評価などを表示し、全体の中の位置づけや問題解決につなげる手法。2次元のほか3次元図もある
- ○アローダイアグラム〜日程や工程計画を進めるための矢印で順序などを示した。系統図やマトリックス図で明らかになった問題解決方法を実施する際の、日程計画を検討するときに活用する
- ○PDPC法〜課題解決のための条件が多数あって流動的な場合に、その変化に対して最適な方法を事前検討し、適切な方法をとれるように示した図
- ○マトリックスデータ解析〜マトリックス図で示された多くの交点の数字を、相関分析で集約して平易に2次元で表記。相関係数が大きい変数のグループがあれば、1つの変数にまとめる。多変量解析では主成分分析のこと

❷言語データの種類と表現の留意点

　言語データには、事実・推測・意見などがあります。事実データは実際に起

図 3-29 │ 新 QC7 つ道具一覧表

複雑に絡み合った要因を予測して因果関係を整理する（設計的アプローチ）

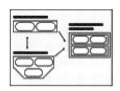
親和図法（KJ法）

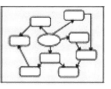
連関図法

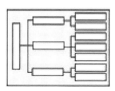
系統図法

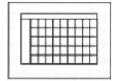
マトリックス図法

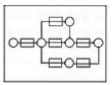
アローダイアグラム法
PERTのこと

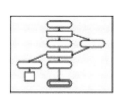
PDPC法

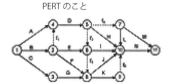

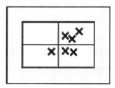
マトリックスデータ解析法

こった事実を表したもので、意見データは対象となる「ものやこと」に対する意見、考えを述べたものです。推測データは、さまざまな情報をもとに推測された内容の言語データを言います。こうした言語データの扱い方の留意点は、短い文章で用言止めとし、一文に複数の表現は避け、他人の責任にする表現も控えるようにしましょう。

> **要点 ノート**
> 新 QC7 つ道具は言語データを扱い、未経験な分野などの課題解決のためスタッフ・管理部門に多く活用されています。事実に基づいた内容とし、抽象的な表現は避けシンプルでわかりやすく表します。

【4】品質改善活動のツール運用③ N7

親和図

　親和図は、スタッフ部門が今後どのように課題解決を進めるかについて、現状の事実を基本にしながら、結果のみならず推定や想像など言語データの親和性に着目し、グルーピングして体系化する方法です（図3-30）。具体的には、「自職場の一体感や活性化をするには？」「売上高を高めるには？」「今後の開発の方向性は？」などで、はっきりしない状況下グループ内で議論し、頭の中を整理していきます。

❶親和図のメリット
　親和図を活用するメリットは以下の通りです。
　　○混沌状態から問題点や課題を顕在化できる
　　○現状の延長戦上でなく新しい見方や考え方ができる
　　○問題や課題を原点からとらえ直すことができる
　　○関係者の意見を取り入れることで理解しやすく、組織活性化につながる

❷親和図のつくり方
　まずメンバーと、グループ内の共通テーマ名を決めます（図3-31）。テーマは、グループ員の身近な困った問題や将来に向けた課題について取り上げます。そして、テーマについてグループディスカッションを進めます。事実に基づき、原因の推定や想像による提案などを自由に議論します。メンバーにカードを配り、記入されたカードを模造紙上にランダムに置きます。その発言やカードに記入された言語データに基づき、次々と議論を重ねてカード記入を続けます。
　意見やカード記入がなくなったら、カード全体の偏りがないかを確認します。またカードに記入した内容で不明部分を確認し、修正や追記などを行います。1つのカードに複数意見を書かないように注意し、簡潔な文章で用言止めを用います。記入内容の正誤に関わる指摘は控えましょう。
　次に、カードを読みながら「似ている」「近い」など、親和性のあるカードをグルーピングします。5枚程度のカードのグループが複数できるとよいでしょう。どのグループとも親和性のないカードは、1枚を1つのグループとして扱います。次に複数のグループごとに、カードに記載された内容を要約した

| 図 3-30 | 親和図の例 |

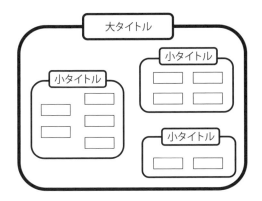

| 図 3-31 | 親和図の作成順序 |

STEP	手順内容	STEP	手順内容
step 1	メンバーを決める	step 7	不明点の確認と修正・追記を行う
step 2	共通テーマ名を決める	step 8	似ている・近いなどグルーピングする
step 3	グループディスカッションする	step 9	グループごとにタイトルカードをつくる
step 4	カードに記入し、模造紙の上にランダムに置く	step10	グループごとに枠で囲む
step 5	議論する	step11	結論を書く
step 6	偏り、漏れ、ダブリがないか確認する	step12	作成テーマなどの必要事項を記入する

文言を考えてタイトルカードに記入します。複数のグループ内のカード内容を列記することは避け、カードに記載のないことは書かないようにします。

　複数のグループ（5つ程度が扱いやすい）の関連に注意し、模造紙上に配置したグループごとに枠で囲んで、テーマに対する結論を記します。最後にテーマに沿った構成になっているか確認し、導き出した結論に対して今後の活動展開につなげます。

> **要点 ノート**
>
> 親和図は、スタッフ部門が新たな計画の立案や課題解決をする場合、取り巻く混沌とした状況から方向を見つける際に有効です。事実を基本としつつ推定や想像など言語データの親和性に着目し、グルーピングして検証する方法です。

【4】品質改善活動のツール運用③ N7

連関図

　連関図とは問題発生の要因が多くあり、それぞれの要因と結果、目的と手段が複雑に絡んでいるときに、その関連を明確にして問題解決につなげる手法です。図の中心部に問題や目標を大きく記載し、その周辺に問題の複数の1次要因を記載します。さらに、1次要因の周辺に複数の2次要因を記入したもので、問題とその階層的要因が全体的に俯瞰できます（**図3-32**）。

❶連関図のメリット
　連関図には要因追及型、中央集中型、関係表示型などがあり、このうち要因追及型、中央集中型が多用されています。連関図の利点は以下の通りです。
　○要因と結果の関連が整理でき明確になる
　○問題を広い範囲でかつ深くとらえることが可能
　○グループで検討作成する場合は発想が豊かになり、連関図を作成する過程で作成メンバー間のコミュニケーションが深まり、問題解決力も高まる

❷連関図の作成方法
　○テーマを決める。「○○が悪い」など問題点を選ぶことも多い（**図3-33**）
　○グループでブレーンストーミングを実施。問題を記述したカードを模造紙の中心に貼り、1枚のカードには複数の要因は記載しないようにする。「主語＋述語」の用言止めとし、簡潔に記して楕円形で囲む。次にその1次要因を列挙してカードに記入し、模造紙に貼って四角枠で囲む
　○引き続き1次要因を起こすのはなぜかを考え、それを2次要因として数多く列挙し、カードに記入して貼る
　○要因から結果に矢印を引く。すなわち、2次要因から1次要因に向けて矢印を引くことになるが、これらを深掘りして真因まで検討する
　○要因間同士に関連があれば、それも矢印を引く
　○要因の漏れがないか、ダブリがないかを確認する。影響の大きい複数の要因を二重線で枠取りする
　○影響の大きい要因に重要度を表し、順位づけする。絞り込む方法として、グループメンバーで検討したり点数評価したりして決めるほか、スタッフや専門技術員の意見を参考にする、現場や現物を確認して決める、確認試

第3章 品質改善活動を徹底するカギとツール

図 3-32 | 連関図

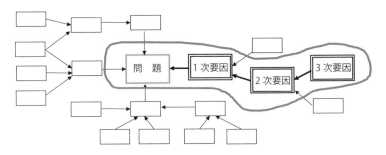

図 3-33 | 作成方法

STEP	手順内容
step 1	テーマを決定
step 2	グループでブレーンストーミング
step 3	1次要因の列挙
step 4	2次要因の列挙
step 5	2次要因から1次要因に向けて矢印を記入
step 6	関連性のあるものにも矢印を記入
step 7	漏れ・ダブリの確認
step 8	影響の大きい複数の要因を二重線で枠取り
step 9	順位づけ
step 10	図の下欄にメモ記載
step 11	作成テーマなどの必要事項の記入

験や再現実験で検証する、などを行う
○図を検討することでわかったことを図の下欄に記す
○最後に必要事項やテーマ名、作成日時、作成者などを記入する。よく比較される特性要因図との違いは、連関図では要因相互間の関係が明らかにされていることで、対策案がイメージしやすいことが挙げられる

要点 ノート

問題の要因を探る場合、要因が複雑に絡んでいるようなとき、その関係を整理し、要因間の関係や問題と要因の関係などの構造を明確にして対策につなげやすくする方法です。

【4】品質改善活動のツール運用③ N7

系統図

　系統図は、目的や目標を達成するときに多くの手段を段階別に整理し、実施案をつくり出す手法です。具体的実施案の漏れの回避や実施案の優先度を決めるためにも有効です。また、問題の構造を明確にするためにも用います。前者を方策展開型と言い、後者を構成要素展開型と呼んでいます（**図3-34**）。

　方策展開は、目的に対してそれを実行する手段を1次→2次→3次手段のように段階的に進め、具体的実行手段まで検討します。実施手段の優先順位を決めるには、マトリックス図を系統図と組み合わせるとわかりやすいです。

❶系統図のつくり方
　○目的・目標を決める。「○○を○○する」などの用言表現で示す
　○投入金額、目的達成期限、対象人数、対象製品など制約条件があれば表記
　○目的・目標達成の手段を1次手段として複数挙げる。次いで2次→3次手段と具体的な実施案を検討。1次手段を達成するのは「何をどのようにする」という内容を2次手段にそれぞれ記していく。1次手段が目的で、2次手段が実施方法になる。これを具体的に実施できるレベルまで続ける。1つの目的には2つ以上の手段を出すようにする。また、最初から具体的手段を出すと、具体案の広がりが少なくなるため注意する
　○系統図全体を見通して、漏れがないか不自然に飛躍していないかを確認。下位から順次、上位手段に逆読みすると不自然な点がわかりやすくなる
　○作成者名、作成期日、テーマ名など必要事項を記入

❷オズボーンの発想法
　系統図の作成でもグループディスカッションを行い、アイデアを出し合ってカードを作成し、模造紙にまとめることも有効です。アイデア発想のためにはさまざまな方法がありますが、中でもオズボーンの発想法は使いやすいです（**図3-35**）。

　一方、トヨタ系企業で真因追究のために用いられる「なぜなぜ分析」も一種の系統図と言えます。たとえば設備故障をトップに据え、複数の原因を1次事象として列挙します。それぞれの原因をさらに「なぜ？」「なぜ？」と遡って2次事象、3次事象として進め、最後に真因を探り当てるものです。

図 3-34 | 系統図

◎方策を1次方策、2次方策、3次方策と順番に配置する

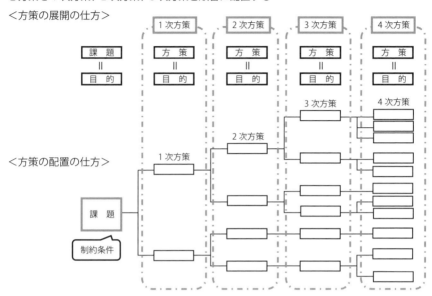

図 3-35 | オズボーンの9つのチェック

他に使い道は？	応用できないか？	修正したら？
拡大したら？	縮小したら？	代用したら？
アレンジし直したら？	逆にしたら？	組み合わせたら？

> **要点 ノート**
> 系統図は目的などの達成のための手段を、段階を追って整理し、具体案を作成するためのツールです。問題の構造を明確にするために使われることが多く、トヨタの「なぜなぜ分析」もその一種と言われています。

4 品質改善活動のツール運用③ N7

マトリックス図

　マトリックス図は縦軸（行）と横軸（列）に各要素を引き当て、各要素間の関係を注視して問題を見つけ、解決するものです。行列式のような2元表の形を取ります。たとえば対策項目とそれぞれの結果の2元表や、原因項目と結果の2元表などにすると相互関係や影響度がわかり、改善や対策の進め方の良否が判断しやすくなります。マトリックス図にはL型、T型、Y型、X型、C型などがありますが、ここでは最も多用されるL型を説明します（図3-36）。

　まず、各要素間の関係の強さを評価します。たとえば強い項目同士を〇、関係が弱い項目同士には△、関係がない項目同士の区分には×を記入します。〇、△、×を点数づけして5点、3点、1点と表示することも有効性を評価する場合には役立ちます。続けて、以下の手順でマトリックス図を作成します。

❶マトリックス図の作成
　〇マトリックス図を作成する目的「何を知りたいか」を明確にする。そのため、どのような資料やデータが必要かを決める
　〇目的を達成する2つの事象を決め、縦軸（行）と横軸（列）に配置し、2元表とする。必要軸数に応じてT型、Y型、X型などを使用
　〇行と列間の相互関係の強さにより、点数などによる評価づけを行う。議論や検討を加えていて、新たな事象の項目を追加する必要が生じる場合は、行と列の追加を行う。全体を再度見直し、評価の一貫性も確認する
　〇テーマ名や作成者名、作成期日など必要事項を記載
　〇完成したマトリックス図の読み取りを行う。評価点などが示された交点の各行と、列の関係から情報を引き出す。もう1つは、行の合計点と列の合計点の大きさについて情報を引き出す

❷マトリックス図の効果
　〇経験則に基づく知見が論理的に整理され、納得できる結果が導き出される
　〇関係要素間のつながりがわかりやすくなり、問題の所在がわかる
　〇要素全体の関係が俯瞰的に理解できる

❸系統・マトリックス図
　系統図にマトリックス図を合体したもので、系統図で示された最終実施項目

図 3-36 各種マトリックス図

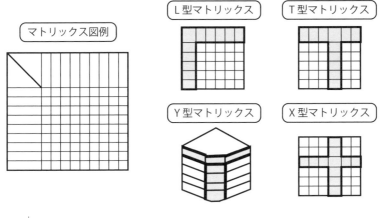

図 3-37 系統マトリックス図の例

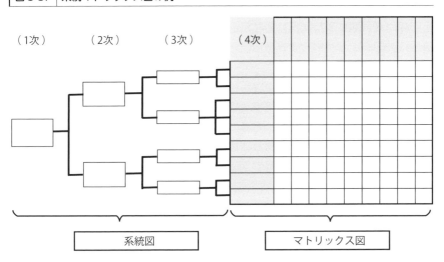

（特性）の担当などを同時表記します。縦軸（行）は系統図の実施項目に合わせ、横軸（列）は実施担当者や実施時期、評価点、優先順位などを配置します。これにより具体的日程計画などにつなげていきます（図3-37）。

要点 ノート

原因と結果などの2つの要素の関係を縦軸・横軸の2元表などに整理し、その関係の強さを表現することで、改善案を探ることがやりやすくなります。要素全体の関係が俯瞰的に理解できる点に特徴があります。

4 品質改善活動のツール運用③ N7

PDPC法

　PDPC（Process Decision Program Chart）法は東京大学の近藤次郎教授により提案された方法で、研究開発や慢性不良対策、販売活動などに使われています。PDPC法には、状況変化の予測から方策を作成する逐次展開型と、強制的事態の想定から対策を作成する強制連結型の2種類があります。

　時間の経過に伴い環境が変化する場合、あらかじめ変化を予想した複数の道筋をつくっておき、変化が生じた際にもそれに沿った対応をすることで、目的を達成するための計画図です（**図3-38**）。「過程決定計画図」と言われています。時間経過順に環境状況に応じた選択枝への分岐点を経て、行動・実施項目ごとに矢印を記した図です。図示記号を用いると書きやすいです（**表3-11**）。

❶ PDPC法の有効性
　○経験からの先読み、先手が容易になる
　○問題がどこにあるか、重要事項は何など確認が容易に行える
　○事態収拾の道筋について決定者の意図が明示でき、関係者に正しく伝わる
　○俯瞰した全員の意見を集約し、修正することが容易
　○PDPC法の図は容易に理解でき、協力が得られやすい

❷ PDPC法の主なルール
　時間の経過は上→下、左→右とし、縦型・横型どちらでも可能です。また、矢印ができるだけ交差しないようにします。事象数は約30～50が適当です。

❸ PDPC法の図のつくり方
　○現状や将来に発生が予想される問題・課題のうち、環境変化要因が多く解決が難しい項目をテーマに選ぶ
　○テーマの現状を明確に把握する
　○テーマに対する制約条件（投入できる人員や資金、実施期限など）を明示
　○模造紙の最上部に「開始点」、最下部「到達点」と記入
　○開始点から実施事項を順次記入し、予想される変化分岐点に対する実施事項を記入。時間経過順に実施事項間などを矢印で書き、これを到達点まで繰り返す
　○PDPC法の図の全体の流れを見ながら、予想される変化や対応策に漏れが

図 3-38 | PDPC 法の例

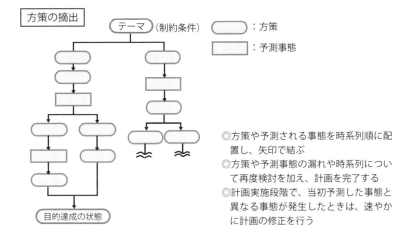

◎方策や予測される事態を時系列順に配置し、矢印で結ぶ
◎方策や予測事態の漏れや時系列について再度検討を加え、計画を完了する
◎計画実施段階で、当初予測した事態と異なる事態が発生したときは、速やかに計画の修正を行う

表 3-11 | 図示記号

番号	記号	名称	意味
①	(楕円)	出発点	問題のきっかけや目的を示す
②	(長方形)	実施事項打開策	スタートからゴールに至る過程で、実施しようとする行動や対策を示す
③	(角丸長方形)	事象	実施事項や打開策を実行したときに想定される結果を示す
④	(楕円)	ゴール	達成された目的
⑤	(ひし形)	不測事態	実行の結果、うまくいった状態とうまくいかなかった状態を示す
⑥	→	事態の進展経路	実施事項と事象の進展を表す経路を示す

ないか、また実施上無理な事項はないか、無理な事項を解決するための準備事項は何かなどを検討。必要時 PDPC 法の図を修正、追加を行う
○必要事項(作成者、作成日、テーマ名、使用記号の意味など)を記入

要点 ノート

PDPC 法は、変化を想定してあらかじめ複数の方策を用意し、変化が起きたときに対応することで目的を達成する計画図です。時間経過順に環境状況に応じた選択枝への分岐点を経て、行動・実施項目ごとに矢印を記したものです。

【4】品質改善活動のツール運用③ N7

アローダイアグラム

　アローダイアグラム（矢線図）は、計画と管理の手法であるPERT（Program Evaluation Review Technique）で使用する日程計画図法です。事業計画を進めるために必要な作業間の関連をネットワーク手法で表します（**図3-39**）。

　1つの事業を行う場合、複数の作業を並行して行うことが多くありますが、先行する作業との関係を明確にしないと日程が混乱することがあります。アローダイアグラムは複雑な工程、作業や複数のスケジュールの相互関係を明確に示し、さらに納期に影響する経路であるクリティカルパスを求め、それを中心に事業の進捗を管理します。アローダイアグラムの構造は、作業と作業のつなぎ部分（結節点）を○で表し、○と○の間が作業になり矢線で前後の結節点間を結び、その間に作業名称と作業時間を記載してあります（**表3-12**）。

❶アローダイアグラムの有効性

　アローダイアグラムを活用すると、事業全体の作業間のつながりが把握できるほか、事業着手前に工程と日程の問題点が把握でき、どの作業が日程上余裕のない経路（クリティカルパス）かがわかります。その他の利点は以下の通りです。

- ○アローダイアグラムを書くことでより良い計画に改善できる
- ○作業遅れのチェックが容易に行える
- ○必要時の計画変更につき発生する課題を素早く処置できる
- ○事業関係者の情報共有、意思疎通が容易になる

❷アローダイアグラムの作成方法

　アローダイアグラムの作成は、まず大きな事業や身近な系統図などから実施テーマを選定することから始めます。そして、実施期間や人数などテーマの制約条件を明確にします。参加者全員で議論し、テーマ達成のために必要な作業を列挙して記録します。

　必要な作業が列挙できたら、作業名を模造紙などに記入します。その場合、各作業の先行・後続作業を確認して左から右へ順に記入します。そして、始点から終点まで図示記号を記入し、仮矢線を引きます。再度議論して、漏れてい

| 図 3-39 | アローダイアグラム |

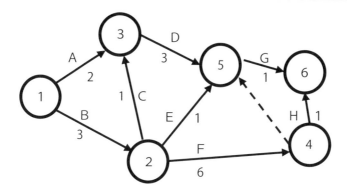

| 表 3-12 | 図示記号（結節点・矢線・ダミー線） |

番号	記号	名称	意味
①	──────▶ （実線の矢線）	作業	時間を必要とする要素作業を示す。線の上下に作業名と作業時間を示す
②	◯ （丸印）	結接点	作業と作業の区切りを示す。作業の終了時点かつ次の作業の開始時点を示す。◯内に作業番号を記入
③	─ ─ ─ ▶ （点線の矢線）	ダミー	作業の順序関係を示す。並行作業時に使用し、所要時間はゼロ

る作業やダブリ作業があれば追加・削除します。

　直列に続く、作業数の多い作業経路を中央に記入し、並列の関係にある作業経路はそれぞれ近傍に記します。続いて図示記号や正式矢線を書き、矢線の上に作業名、下に作業時間・日数を表記します。さらに結接点番号を作業の順に書き込み、必要事項（作成者、作成日、テーマ名など）を記入します。

　アローダイアグラムは、各作業時間や並行作業、作業範囲分担の見直しなど、日程短縮を目的に活用されます。

> **要点 ノート**
> 日程表は、一般的にはガントチャートが活用されますが、複雑な工程や大きい事業には前後作業との関係を示すアローダイアグラムが有効です。系統図を作成した後に、具体日程について引き続き活用されます。

4 品質改善活動のツール運用③ N7

マトリックスデータ解析法

　マトリックスデータ解析法は、新QC7つ道具の中で唯一数字データを扱います。活用できる用途は、多次元的な市場データの商品特性分析や官能特性の構造化と分析、満足度調査などです。多量のデータをもとにした要因解析や複雑に絡まる工程分析、複雑な品質解析などに向いています。

❶マトリックス図の特徴

　マトリックス図で2つの軸（行・列）の交差点が数字で表現されているとき、その数字で統計的な処理、多変量解析の主成分分析を行います。評価項目が多いと、そのデータだけでは評価が難しい場合があります。各評価項目に重みづけを行い、項目ごとのデータに重みづけ係数をかけてその合計を計算します。

$$合成変数（主成分）= A × 項目1 + B × 項目2 + \cdots + C × 項目3$$

　1つの数値にまとめたものを合成変数（主成分）と言います。合成変数を計算することを変数の集約と言い、A，B，Cなどは主成分負荷量と呼びます。合成変数が大きくならないように以下の制限をします。

$$A^2乗 + B^2乗 + \cdots C^2乗 = 1$$

　そして2つの評価項目にまとめ、散布図にして総合評価します（図3-40）。

❷マトリックスデータ解析の進め方

　○目的を明確にする。2元表の行と列の項目を明らかにする
　○マトリックスデータを収集する。評価点でも実測データでもよい。データに抜けや誤記がないか確認
　○評価項目のデータが実測値などと単位が異なる場合は、基準化するため平均値：0、標準偏差：1のデータに変換。基準化データは次式で計算する

$$基準化データ =（データ）-（平均値）÷（標準偏差）$$

　○相関係数を計算する（エクセルを活用）。2つの評価項目における関係度を評価する係数を相関係数と言うが、±1に近いほど相関がある。相関が強い項目を1つにまとめ、相関係数の一覧表である相関行列を作成する
　○新しい評価尺度が全体のデータのうちどの程度の比率を占めているか（寄与率）で主成分を選択する。主成分の採用は累積寄与率が約70％以上で、

図 3-40 マトリックスデータ解析例

イベント	主成分得点 X1 (納得性)	X2 (トピックス性)	人数の増加
A	1.13	1.88	4
B	2.95	-1.53	5
C	-0.398	-1.21	3
D	2.83	1.49	5
E	1.25	-1.26	4
F	-0.98	-0.4	2
G	-0.68	0.5	2

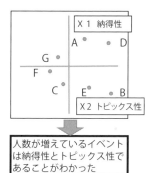

人数が増えているイベントは納得性とトピックス性であることがわかった

図 3-41 マトリックスデータ解析の主要4ステップ

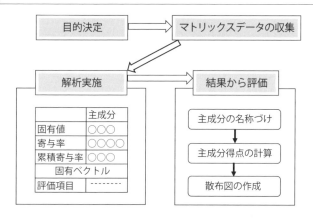

固有値は1以上が目安となる(固有値はエクセル計算)

○第1主成分、第2主成分に名称をつける。主成分を構成する主成分負荷量と+-の符号などを参考にする。主成分負荷量は、元の評価尺度と各主成分の関わり度を表す

○主成分得点を計算し、第1主成分と第2主成分を縦軸・横軸として散布図を書く。散布図で多次元データを2次元データに集約変換し、検討しやすくする(図3-41)

要点 ノート

多次元データが持っている情報を、できるだけ損なわず2元表などに情報を縮約し、データの傾向をつかんで雰囲気を視覚化することや分類するときに、マトリックスデータ解析法は有効です。

5 永続的な品質改善活動に向けて

QCストーリー

❶QCストーリーの種別
　QCストーリーはQC的問題解決などの手順です。その種類には、スタッフが中心となる企画・プロジェクト型の「課題達成型」と、不良や故障などの原因を追究して対策する「問題解決型」があります。製造部門の小集団活動で品質問題や安全衛生、コスト削減、人材育成などの問題を、QC7つ道具や新QC7つ道具などを用い、解決する道筋を示すものです。QCストーリーは、管理サイクルであるPDCAの順に進めます。具体的には以下に示す通りです。

❷QCストーリーのステップ展開
①テーマ選定
　職場には多くの問題があります。このうち問題の大きさや取り組みやすさ、期限、メンバー、予算などを考慮してテーマを決めます（**表3-13**）。この間の問題の経過を共有し、決めたテーマの重要性を関係者に理解してもらうことが大事です。各種データから優先順位を決め、取り挙げた理由を明確にします。

②現状把握と目標設定
　問題の特性値を決め、3現主義に基づき現場で問題を現認します。時間計や拡大鏡、写真、ビデオなどで現場データを記録し、必要期間分入手します。できるだけ数値データとして取得します。そのデータをQC7つ道具などを活用して、時系列や層別、比較などができるように整理します。
　一方、目標設定では、低い目標や高過ぎる目標は避けます。不良件数や不良率などは具体的な数値で示します。達成期限は3カ月程度が一般的です。

③要因の解析
　特性要因図を活用して要因を洗い出します。仮説を立てた上で調査や試験を行い、検証します。加工や作業のメカニズムを理解し、それに基づいた不具合発生要因の解析が重要です。なぜなぜ分析やPM分析の活用が効果的です。

④対策立案と実施
　真因に対して対策案をブレーンストーミングなどで立案します。改善の4原則（ECRS）に基づき案出しし、改善案を評価します（**図3-42**）。対策は発生源対策の実施が基本ですが、内容により暫定対策実施後に恒久対策を打ちま

表 3-13 | QC ストーリーのステップ

手順	キーワード	主な QC 手法	
テーマ選定と取り上げた理由	○職場に与えられている方針・目標の確認 ○問題点の列挙、評価を行いテーマを決定	・グラフ ・パレート図 ・マトリックス図	・チェックシート ・ヒストグラム ・管理図
現状把握と目標設定	○攻撃対象となる特性値の決定 ○事実の収集 ○目標の決定	・パレート図 ・グラフ ・ヒストグラム	・チェックシート ・管理図 ・親和図法
要因解析	○特性と要因の関係を整理 ○重要要因の絞り込み ○重要要因の解析	・パレート図 ・ヒストグラム ・グラフ ・系統図法	・特性要因図 ・散布図 ・管理図
対策立案と実施	○対策項目に対するアイデア出し ○対策案の評価と選択 ○対策案の実施方法を検討後、実施	・ヒストグラム ・系統図法 ・アローダイアグラム法	・管理図 ・マトリックス図
効果確認と歯止め・標準化	○対策結果の確認 ○目標値との比較 ○有形・無形の効果の把握 ○新しい管理方法の標準化 ○標準化した内容の周知徹底 ○維持されていることを確認	・グラフ ・パレート図 ・マトリックス図 ・親和図法	・チェックシート ・ヒストグラム ・管理図 ・連関図法
反省と今後の進め方	○残された問題点のまとめ ○活動の整理と反省、次回のテーマ	・パレート図	

図 3-42 | ECRS による改善 4 原則

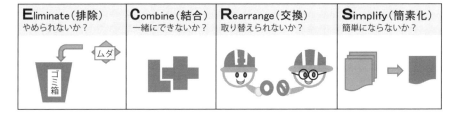

す。なお、対策実施については関係者の理解と副作用の対応を考慮します。

⑤効果確認と歯止め

　対策前後を、同じ特性値や同じ期間などで目標値と比較します。効果金額で表すのも有効です。有形効果のほか、チームワークの向上など無形効果も記述します。歯止め策は標準化と教育訓練などで、標準書などの改訂も行います。

> **要点 ノート**
> QC ストーリーは不良などの問題を解決するために行う小集団活動で、QC7 つ道具をはじめとするツールを用い、現場主義・データ重視で実施します。PDCA サイクルに基づき、ステップを踏んで推進する手順を示すものです。

5 永続的な品質改善活動に向けて

品質保全と8の字展開とPM分析

❶品質保全の要点
　品質保全は、TPM活動における主要3保全（自主保全、計画保全、品質保全）の1つです。日本プラントメンテナンス協会による定義は次の通りです。
　○品質不良の出ない設備を目指し、不良ゼロの条件を設定する（条件設定）
　○その条件を時系列で点検・測定する（日常・定期点検）
　○その条件を基準値内に維持し、品質不良を予防する（品質予防保全）
　○測定値の推移から品質不良発生の可能性を予知（傾向管理・予知保全）
　○事前に対策を打つ（事前対策）
　前提として不良の出ない設備づくりのほか、不良の出ない材料づくりや不良を出さない人づくり、不良が出ない工法づくりがあります。

❷8の字展開の進め方
　品質保全を進めるために8の字展開が使われます。従来の「維持管理活動」に「改善活動」を加え、8の字を描くような活動を示しています（図3-43）。維持管理活動は「現状把握→復元→条件改善→条件管理→再度現状把握」のサイクルを回します。改善活動は「現状把握→復元→要因分析→要因撲滅→条件設定」のサイクルを回します。改善活動実施後、問題がなければ維持管理活動のサイクルに移り、「条件設定→条件改善→条件管理」と進みます。維持管理のサイクルの復元後に評価チェック、維持管理活動での条件設定後に評価チェックを行い、随時他のサイクルに移ります。
　要因分析にはPM分析などを用い、条件設定にはQMマトリックスの改訂を行います。QMマトリックスは不良特性ごとに4M（設備・人・材料・方法）との関連を示したマトリックス図です。

❸PM分析の手順
　PM分析のPは現象（Phenomena）・物理的（Physical）、Mはメカニズム（Mechanism）・機械（Machine）を意味します。PM分析は慢性不良に対して有効な手段で、不良現象と原因の関係を物理的かつ機械不具合との関係をメカニズムを追及しながら特定し、原因を突き止め改善につなげます（図3-44）。断片的な要因同士を関連づけることで要因の漏れや抜けが回避でき、さらに各

図 3-43 | 8の字展開

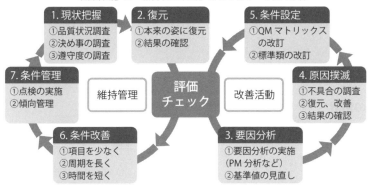

図 3-44 | PM分析の構造

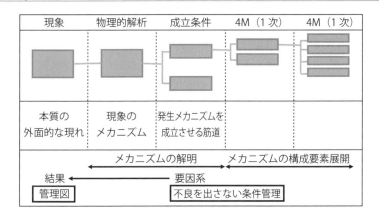

種不良や品質特性と設備、治工具、材料、人との関わりが明確になります。

PM分析は、「現象の正確な把握→現象の物理的解析→現象の成立条件を原理原則から考察→設備など4Mとの関連を調べて要因列挙→調査方法、調査項目、測定方法、対象領域の検討→各項目の不具合抽出→改善案の案出し」というステップを踏んで実施します。

> **要点ノート**
> 品質を確保するためには維持管理活動と改善活動があり、その両者の活動を8の字展開という考え方を用いることでわかりやすくします。中でも特に、慢性不良についてはPM分析が有効です。

5 永続的な品質改善活動に向けて

6σ

❶ 6σの特徴

　6σ（シックスシグマ）は米国モトローラ社が開発した品質管理手法です。その後GEによって取り組まれ、その有効性が評価されていきました。目的は、業務改善を通じて製品やサービスの品質のバラツキを、統計学に基づいて論理的に少なくするというデータ解析中心の手法と言えます。

　6σは統計学で用いられる標準偏差σから来ています。一般的な数値データに多い正規分布において、データの平均値からの偏りを標準偏差で表しますが、その6倍の範囲を正しい領域とするものです。たとえば不良品の発生を100万分の3から4にするということです。実質的には平均値の振れが1.5σ程度あるため、図3-45の正規分布図に振れを考慮することになります。トップダウンで進め、顧客の声（VOC：voice of customer）を起点とし、収益などは必ず数値表現することが考え方の中心です。

❷ 6σの進め方

　既存業務と新規プロジェクトそれぞれに進め方があります。さらに、トヨタ生産方式を取り込んだリーン・シックスシグマ（Lean Six Sigma（LSS））があります。既存業務についてはDMAICと言われ、定義（Define）・測定（Measure）・分析（Analyze）・改善（Improve）・管理（Control）のサイクルを回します（図3-46）。

- ○定義〜製品・サービスの不良、不満、クレームなどの顧客の声（VOC）から問題を定義する。目標値は数値で示す
- ○測定〜現状の問題を把握する。各種収集したデータの的確性を確認し、業務の流れを明らかにしてマップ化
- ○分析〜発生している問題の原因が何かを探る。特性要因図やプロセスフロー図、MSA（Measurement System Analysis）、SPC（Statistical Process Control）などの手法を活用
- ○改善〜複数の改善策を出し、投資経済性を検討。決定した改善案の事前トライを行って検証する
- ○管理〜改善策を実際に導入し、定義した問題の目標を達成したか確認す

図 3-45 正規分布

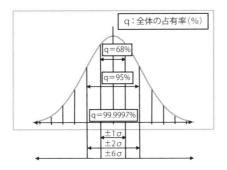

図 3-46 DMAIC のステップ

る。また、定期的に問題発生がないか確認を継続する

新規プロジェクトではDMADVと言われ、既存業務との違いはDesign：設計、Verify：検証です。

❸ブラックベルトという資格

6σは、ブラックベルト（黒帯）という資格を持った人が中心となり、指導・推進します。そしてグリーンベルトがこれを補佐し、次の指標に向けて推進します。COPQ（cost of poor quality：品質問題により生じるコスト）とCTQ（critical to quality：重大な問題の要因）が具体的な照準になります。

> **要点 ノート**
> 日本の問題解決は、QCサークルなどボトムアップ型の活動が多いです。その一方で、米国の6σはトップダウン型で経営全般を対象としています。VOCを起点とし、収益は必ず数値表現することが問われています。

5 永続的な品質改善活動に向けて

TQCとSQC、QCC

❶TQC（Total Quality Control）とは

　TQCは、総合的品質管理または全社的品質管理と言われます。従来のQCは製造部門の狭義の品質管理が対象でしたが、設計や調達、販売なども含んだ全員参加型の活動で、製品のみならず提供するサービスも含めた活動です。

　JISでは、TQCを「品質管理を効果的に実施するためには企業活動の全段階にわたり、経営者をはじめ管理者や監督者、作業者など全員の参加と協力が必要」と定義しています。主な構造としては経営層の方針管理、品質管理部門を中心とした機能管理、製造部門を中心とした小集団活動も含めた日常管理などからなっています。

　TQCを推進するポイントは、「教育・訓練の実施」「管理サイクル（PDCA）を回す」「全社的推進組織をつくる」「QCサークル活動で全員参加の活動とする」「方針管理を行う」「トップ診断の実施」「品質保証システムの充実」の7つです。ISO9000の進展に伴ってTQCからTQM（Total Quality Management）活動に移り、製造業のほかサービス業まで包含し、かつ経営戦略やマーケティングも含んだ企業経営の質を高める活動になっています（図3-47）。特に欧米ではトップダウン型で実施されています。

❷SQC（Statistical Quality Control）とは

　SQCは統計的品質管理と言われ、現地・現物から抜き取りサンプリング方法で収集した各種データを、統計的手法を用いて基準や標準を決め、品質管理を科学的に進めます。統計的手法にはデータ全体をまとめ（平均や標準偏差など）、どのような性質、傾向かを記述する記述統計と、サンプリングなどでデータを採取して統計処理を行い、その結果から母集団全体の性質を推測しようとする推測統計あります（図3-48）。このほか実験計画があります。

　内容はデータのとり方や扱い方、そのデータの統計的な扱い方についてです。主なツールはQC7つ道具、新QC7つ道具、多変量解析、重回帰分析、実験計画法などです。

❸QCC（Quality control circle）とは

　製造現場の小集団活動のうち品質改善を中心としたサークルで、QC7つ道

図 3-47 | トヨタの TQM の考え方

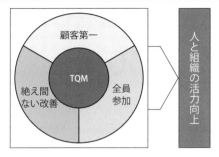

図 3-48 | 3つの統計手法

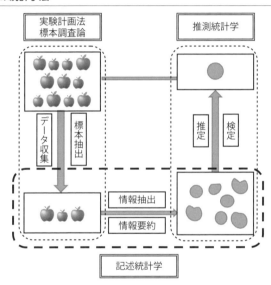

具などを活用して自主的に問題点を摘出し、メンバー全員で問題解決を図ることで、スキルアップなど人材育成を促すものです。「能力を発揮して無限の可能性を創出」「人間性を尊重した生きがいのある明るい職場に整備」「企業の体質改善・発展への寄与」を基本理念として掲げます。また、その特徴は「人間尊重の精神に支えられたグループ活動指向の自主的小集団活動で、問題解決にはQC7つ道具を駆使し、QCストーリーを武器とする」としています。

> **要点 ノート**
> TQC 全社的品質管理の中で、SQC と QCC は主要な位置を占めています。ますます範囲を広げていく TQM においても、中核である点は変わりません。現場を重視した統計的手法と QC ストーリーが根幹になります。

5 永続的な品質改善活動に向けて

QMS ISO9000

❶品質マネジメントシステム（QMS：Quality Management System）とは

　企業が商品やサービスを提供する際、適正な品質を維持するために品質目標を立て、PDCAの管理サイクルを回して継続的改善を図ることを監理監督するシステムです。具体的には組織が品質マネジメントシステムを確立し、文書化し、実施し、かつ維持し、そのシステムの有効性を継続的改善するために要求される規格です。さらに、品質マネジメントシステムの有効性を改善するためプロセスアプローチを行い、組織内でプロセスを明確にして相互関係を把握・運営管理し、一連のプロセスをシステムとして適用します（図3-49）。

　ISO 9001は、そのQMSの1つのモデルを示す国際標準です。目的は「顧客満足度の向上」「製品・サービスの品質向上」「規制要求事項への適合」です。

❷基本事項とマネジメント要求事項

　QMSの基本事項に、「顧客重視」「リーダーシップ」「全員の積極的参加」「プロセスアプローチ」「継続的改善」「客観的事実に基づく判断と意思決定」「関係性管理」があります（図3-50）。また、マネジメントに関する主な要求事項は「組織およびその状況の利害関係者のニーズと期待の理解」「リーダーシップの発揮」「品質方針の確立と伝達」「組織の役割への理解と遂行、責任、権限の自覚」「リスクへの取り組み実施」「必要資源の確保」です。

　現在のQMSモデルの構造は、マネジメントシステム規格に共通にする附属書SLに沿って組織の状況やリーダーシップ、計画、支援、運用、パフォーマンス評価、改善という7つの大きな項目で構成されるモデルです。内容は、組織に合ったQMS設計と構築、事業への組み込みアップ、QMSの方針・目標と組織戦略の強い関連づけ、リスクの取り組み強化、パフォーマンスへの強い改善要求、顧客重視の強化などQMSモデルの充実が図られています。

❸QMS認証の手順

　QMS認証を取得する手順を以下に示します。
　　○計画～トップの認証取得の決定と宣言、社内推進組織の設定、適用範囲の決、取得キックオフ大会、推進事務局の教育、品質方針の作成、業務フロー作成解析、現状組織の調査、品質目標設定

図 3-49 QMS プロセス図

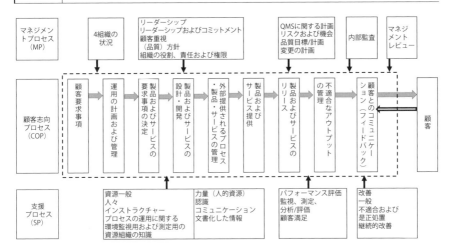

図 3-50 QMS の管理のサイクル

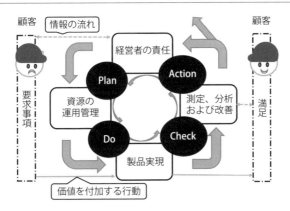

○実行～規定様式作成、社員教育、QMS運用と管理
○チェック～QMS維持状況レビュー、製品サービスの評価測定、QMS取り組み振り返り、内部監査実施・マネジメントレビュー実施
○反映～是正処置、予防処置
○登録審査～ファーストステージ審査、セカンドステージ審査

要点 ノート

QMSは国際認証のため、国内だけでなく海外についても品質面で重要になっています。さらに、航空機や医療機器など個別業界に即した品質マネジメントシステムも用意されています。

【参考文献】

「豊田佐吉」楫西光速、吉川弘文館、2007
「トヨタ語録」石田退三、WAC、2006
「想定外を想定する未然防止手法GD^3」吉村達彦、日科技連出版社、2011
「製造物製造責任（PL）法の逐条解説」消費者庁消費者安全課、消費者庁、2018
「切削加工におけるバリの生成機構と抑制について」奥田孝一、「素形材」2009年10月号
「品質保全8の字展開法」木村吉文、日本プラントメンテナンス協会、1997
「基礎からわかるQC7つ道具」市川享司、ナツメ社、2016
「ポカヨケの基本がわかる本」長谷川浩一、秀和システム、2009
「トコトンやさしいトヨタ式作業安全の本」石川君雄、日刊工業新聞社、2018
「ナットク現場改善シリーズ　よくわかる段取り改善の本」石川君雄、日刊工業新聞社、2010
「ナットク現場改善シリーズ　よくわかる設備改善の本」石川君雄、日刊工業新聞社、2011
「ナットク現場改善シリーズ　よくわかる作業改善の本」石川君雄、日刊工業新聞社、2009
「ナットク現場改善シリーズ　よくわかる5なぜの本」石川君雄、日刊工業新聞社、2010

【索引】

数・英

2元表	138
3H	66
3現主義	96、100
3保全	148
4M	66
5S	66
5ゲン主義	96
6σ（シックスシグマ）	150
8の字展開	148
ANDゲート	118
B10ライフ（ビーテンライフ）	122
COACH	82
COPQ	151
CTQ	151
DMADV	151
DMAIC	150
DR	80
FMEA	118
FMECA	118
FTA	118
GD^3	82
KJ法	94
MSA	150
MTBF	122
MTTF	122
MTTFd	122
MTTR	122
ORゲート	119
PDPC法	140
PL法（製造物責任法）	12
PM分析	148
QC7つ道具	100
QCC	152
QC工程表	16、76
QCサークル	92
QCストーリー	146
QMS	154
QMマトリックス	148
RASIS	123
SQC	152
ToDoリスト	71
TQC	152
TQM	152
TRIZ法	94
V字モデル	9
$\bar{X}$ －R管理図	114

あ

赤エフ	68
圧接	24
意見データ	131
維持管理活動	148
一元配置法	129
因子分析	127
ウェルドライン	28
受け入れ検査	18
上側管理限界線	114
エフ（絵符）	68
円グラフ	104
鉛筆法	26
押出鍛造	30
オズボーンの発想法	136
帯グラフ	104
折れ線グラフ	104
温間鍛造	30

か

外観検査	84
改質処理	34
改善の4原則（ECRS）	146
課題達成型	146
型落ち	32
型鍛造	30
カットモデル	56
間隔尺度	126
外部環境分析	46
完成検査	18
官能検査	19
管理限界	114
管理図	114
黄エフ	68
危険優先指数（RPN）	118
器差	86
偽相関	113
記述統計	152
基準器の校正書	87
キックオフ式	44
逆RE	52
逆方向実装	38
偶発故障	124
組付後の精度不良	36
クラック	38
クロスカット法	26
継続的改善	154
系統図	136
系統・マトリックス図	138
欠陥	12
言語データ	120
検査基準	18
研削割れ	34
校正周期	86
校正証明書	87
合成変数（主成分）	144
工程FMEA	118
工程記号	76
工程内検査	18
工程別能力表	74
五感	96
顧客要求分析モデル	8
国際標準	86、154
故障率	123
固溶化熱処理	34
誤品組付	36
梱包上の不良	40

さ

サービス品質	8
最終検査	18
最大粗さ（Ry）	20
最頻値	120
サイマルティニュアス・エンジニアリング	52
魚の骨	110
作業習熟度	56
作業手順書	74
作業標準	16
作業要領書	74
座屈	30
差し込み	32
サブゼロ処理	34
算術平均粗さ（Ra）	20
散布図	112
サンプリング	18
ジェッティング	28
磁気探傷（MT）	24
自工程完結	98
事実データ	130
自主研活動	92、96
自主検査	19
自主保全活動	92
下側管理限界線	114
実験計画法	128
質的データ	126
師範	57、58
射出成形	28
従属変数	126
自由鍛造	30
主成分負荷量	144
主成分分析	127
十点平均粗さ（Rz）	20
潤滑処理	34
順序尺度	126

157

小集団活動	92
ショートショット	28
初期故障	124
初期流動管理	84
シルバーストリーク	28
白エフ	68
しわ	22、30
新QC7つ道具	130
真空浸炭	35
真空成形	28
浸炭焼き入れ	34
浸透探傷（PT）	24
信頼性設計	116
親和図	132
推測データ	131
推測統計	152
垂直立ち上げ	85
数値データ	120
数量化	126、127
すくわれ	32
スケ	26
砂型鋳造	32
スリップ	70
寸法不良	33
製造品質（出来栄え品質）	8
製造物責任	12
静電塗装	26
正の相関	112
精密鋳造	32
制約ゲート	119
設計FMEA	118
設計品質（狙い品質）	8
切断バリ	20
接着はがれ	37
潜在要求	8
全数検査	18
全数サンプリング	120
せん断面	22
相関係数	144
層別	102
ソリ	28

た

ダイカスト鋳造	32
耐久試験	84
多因子配置法	129
脱炭	34
多変量解析	127
タレ	26
ダレ	22
鍛造加工	30
チーフエンジニア制度	50

チェックシート	102
窒化処理	34
中央値	120
中心割れ	30
超音波探傷（UT）	24
直交表	128
締結部品の選定誤り	36
投資経済性	150
特性	8
特性要因図	110
独立変数	126
塗着効率	26
虎の巻	58
トレーサビリティ体系図	87

な

内部環境	46
内部監査	155
内部欠陥	24
内部酸化	34
なぜなぜ分析	136
にじみ	26
日常管理	16
抜き取り検査	18
濡れ不足	38
熱可塑性樹脂	28
熱間鍛造	30
熱硬化性樹脂	28
熱処理ひずみ	34

は

破壊検査	19
剥がれ	26
ハザード解析	125
ハジキ	26
初めて	66
破断面	22
パトロール検査	19
はめ込み不足	36
バリ	20、22、28
パレート図	108
搬送時の不良	40
はんだブリッジ	38
はんだボール	38
ヒケ	28、30
久しぶり	66
ヒストグラム	106
非破壊検査	19、30
ヒューマンエラー	70
標準作業組合せ票	74
標準作業の3点セット	74

標準作業の3要素	74
標準作業表（動線図）	74
標準物質	86
表面粗さ	20
表面欠陥	24
表面焼き入れ	34
表面割れ	30
比例尺度	126
品質朝市・夕市	64
品質改善合宿	46
品質改善活動板	90
品質改善道場	56
品質改善7つ道具	54
品質機能展開	78
品質表	78
品質問題連絡書	64
フィッシャーの3原則	128
フールプルーフ	116
フェイルセーフ	116
フェイルソフト	116
フォールトトレランス	116
フォールトアボイダンス	117
負荷試験	84
ブツ	26
負の相関	112
プラズマ浸炭	35
ブラックベルト	151
不良品さらし台	62
不良品ヤードカレンダー	60
ブレーンストーミング	94
プレス加工油	22
ブロー成形	28
ブローホール	32
フローマーク	28
プロセスフロー図	150
分散	120
平均故障間隔	122
平均故障時間（平均寿命）	122
平均修理時間	122
平均値	120
変更	66
偏差平方和	120
変数の集約	144
変動要求	8
ボイド	28、30、38
棒グラフ	104
放射線透過（RT）	24
方針管理	14
ポカミス	72
ポカヨケ	72
補正係数	86

ま

マインドマップ	94
マトリックス図	138
マトリックスデータ解析法	144
マネジメントレビュー	155
摩耗故障	124
ミステイク	70
緑エフ	68
無検査	18
無限母集団	120
無相関	112
名義尺度	126
免許皆伝	58
目視検査	24、30
問題解決型	146

や

焼きなまし	34
焼きならし	34
焼き戻し	34
焼け	29
有限母集団	120
融接	24
湯境	32
輸送上の不良	40
要因追及	134
要求事項	8
要求品質展開表	78
溶接	24
溶融鍛造	30
横展	96

ら

ラテン方格	128
ラプス	70
乱塊法	129
ランダムサンプリング	120
量的データ	126
レーダーチャート	105
連関図	134
冷間鍛造	30
連結ピン組織	48
ろう接	24

わ

ワイブル解析	124
ワキ	26
割れ	22、32
ワンポイントレクチャー	58
ワンポイントレクチャーシート	74
ワンポイントレッスン	90

著者略歴

石川君雄（いしかわ　きみお）
国際経営技術研究所　代表

名古屋工業大学大学院博士後期課程修了 博士（工学）
㈱豊田自動織機で設備設計、自動車生産ラインなどの構築、工場建設・運営、TPS（トヨタ生産方式）、TPM（総合的生産保全）を推進。トヨタ自動車田原工場建設プロジェクトに参画。全トヨタ技術研究会（NC加工、公害防止、設備保全など）委員のほか、日本機械工業連合会設備安全検討会委員を歴任。現在、東海学園大学大学院経営学研究科客員教授、日本設備管理学会監事、愛知県外部有識者、名古屋市審査委員、技術士（経営工学、総合技術監理）、中小企業診断士、労働安全コンサルタント、TPM優秀賞審査員。
主な著書に「よくわかる設備改善の本」「トコトンやさしいトヨタ式作業安全の本」（日刊工業新聞社）がある。中国、インドネシア、メキシコなど海外講演・指導歴も多数。

NDC 509.6

わかる！使える！品質改善入門
〈基礎知識〉〈段取り〉〈実践活動〉

2019年5月30日　初版1刷発行　　　　　　定価はカバーに表示してあります。

ⓒ著者	石川 君雄		
発行者	井水 治博		
発行所	日刊工業新聞社	〒103-8548 東京都中央区日本橋小網町14番1号	
	書籍編集部	電話 03-5644-7490	
	販売・管理部	電話 03-5644-7410　FAX 03-5644-7400	
	URL	http://pub.nikkan.co.jp/	
	e-mail	info@media.nikkan.co.jp	
	振替口座	00190-2-186076	

印刷・製本　　新日本印刷㈱

2019 Printed in Japan　　落丁・乱丁本はお取り替えいたします。
ISBN　978-4-526-07961-0　C3034
本書の無断複写は、著作権法上の例外を除き、禁じられています。